Renate Hudak
Harald Harazim

MEIN KETCHUP WÄCHST IM HOCHBEET ♥

Geniale Projekte, coole Pflanzen und leckere Ernte für Groß und Klein

INHALT

BEVOR ES LOSGEHT

Herzlichen Glückwunsch! Sie interessieren sich dafür, Kindern Zugang zur wunderbaren Welt des Gärtnerns zu bieten! Hochbeete sind eine exzellente Gelegenheit für einen ersten Einstieg in die spannende Erzeugung eigener, gesunder Nahrung. Mit diesem Buch wollen wir Ihnen und den Kindern einfache, unaufwendige Möglichkeiten aufzeigen und Anregungen für weiterführende kreative Projekte geben.

Bunt und gesund: Ein Hochbeet liefert nicht nur leckeres und gesundes Gemüse – es darf auch bunt und lustig aussehen und Spaß machen!

WAS IST EIN HOCHBEET?

Ein Hochbeet ist eine alte und bewährte Form des Gärtnerns und ideal geeignet, um Kindern die Wunderwelt des Gartens zugänglich zu machen. Hier haben die Kinder ein abgegrenztes Areal, in dem sie Leben gestalten, fördern und beobachten können.

TEAMWORK

Bevor sich Ihre Kinder ins Abenteuer Hochbeet-Gärtnern stürzen, bedenken Sie kurz, dass ein Großteil der damit verbundenen Arbeit auch von Ihnen geleistet werden muss bzw. Ihre Anleitung braucht. Insbesondere der Aufbau des Beets bedarf je nach Alter der Kinder Ihrer Unterstützung. Darum: Weniger und einfacher ist oft mehr! Denn auch Ihnen soll das Hochbeet Freude bereiten, die nicht von zu viel Arbeit oder gar Überforderung überlagert wird. Zu anspruchsvolle Projekte können einem schnell über den Kopf wachsen.

PLATZ UND ORT

Neben den eigenen handwerklichen Fähigkeiten sind die vor Ort vorhandenen Gegebenheiten entscheidend für die Auswahl des passenden

Das gemeinsame Bauen mit der ganzen Familie ist ein tolles Projekt, bei dem alle je nach ihren Fähigkeiten und ihrem Können mitmachen.

Schlaue technische Details erleichtern das Gärtnern am Hochbeet, wie z. B. ein Kupferband als Schneckenschutz.

Hochbeets. Wie viel Platz ist vorhanden? Sonderformen des Hochbeets finden sogar auf dem Balkon oder im Klassenzimmer Platz. Wie sind die Lichtverhältnisse? Wie sind die Bodenverhältnisse: Beet, Wiese oder gepflasterter Hinterhof? All das sollte vorab bedacht werden. Planung ist zwar nicht alles, hilft aber und kann schon im Vorfeld gemeinsame Freude bereiten.

EINFACH IST MEHR

Geringfügiges „Scheitern" ist nicht nur okay, es ist Teil des Lernens! Aber Totalausfälle und Katastrophen sollten erst von denjenigen erduldet werden, die es auch (er-)tragen können. Also immer auch sichere Erfolge einbauen: Kresse sprießt leicht und relativ schnell, gekaufte vorgezogene Pflanzen wie Kohlrabi sind ziemlich robust – selbst wenn wir später mangels Knolle nur die Kohlrabiblätter zum Salat verarbeiten. Frühlingszwiebeln wachsen fast garantiert. Eingesetzter vorgezogener Schnittlauch ist nahezu unzerstörbar. Radieschen gelingen meist und zumindest die Blättchen kann man auf jeden Fall genießen. Haben Bohnen- und Erbsenpflänzchen den ersten Schneckenansturm überstanden, ranken sie später mit etwas Wasser fast von allein.

Wo ist der beste Platz für unsere Hochbeete? Die Nähe zu Terrasse und Regentonnen ist auf jeden Fall günstig.

WO SOLL DAS HOCHBEET HIN?

Die Wahl des Standortes hängt zunächst von der möglichen Anzahl der Sonnenstunden oder der Beschattung ab. Bei einem Hochbeet für Kinder sollten Sie auch das vorhandene Umfeld bedenken: Der Platz direkt neben empfindlichen und geliebten Gartenpflanzen ist vielleicht nicht die erste Wahl.

KINDGERECHTE ENTSCHEIDUNGEN

Der Gartenplatz für unser Kinder-Hochbeet sollte möglichst eben und gut zugänglich sein. Denken Sie bei noch kleineren Kindern daran, dass Sie das Hochbeet auch aus der Ferne im Blick haben; so können die Kinder sich auch selbstständig ihrem Beet widmen. Die gängige Höhe von 60–90 cm und die Tiefe von etwa 100 cm müssen natürlich an die Größe der Kinder angepasst werden; bei Vorschulkindern dürfte eine Höhe von 40–50 cm und eine Tiefe von

60–80 cm ausreichen. Die Nähe zur Regentonne oder zum Wasserhahn und gute Erreichbarkeit auch bei Matschwetter erleichtern die spätere Nutzung. Beim Aufbau in bereits dicht bepflanzten Gartenbereichen müssen Sie überlegen, wie Bau und Befüllung am geschicktesten gehandhabt werden können, ohne dass allzu viel vorhandene Bepflanzung in Mitleidenschaft gezogen wird.

WAS SOLL DORT WACHSEN?

Salat und das meiste Gemüse lieben Licht! Das Hochbeet sollte also an einem möglichst sonnigen, warmen und windgeschützten Platz aufgebaut werden. Für ausgesprochen wärmeliebende Pflanzen kann das Hochbeet auch direkt an einer südexponierten Wand oder Mauer gebaut werden.

Viele Zier- und Blühpflanzen gedeihen auch an weniger sonnigen Orten; hier ist der Standort je nach Pflanzenwahl also nicht so entscheidend.

LEBENSDAUER

Die Lebensdauer eines Hochbeets hängt maßgeblich vom gewählten Material und dessen Verarbeitung ab und reicht von einigen Jahren bis nahezu unkaputtbar. Ansonsten sollten Sie bei einer Ausrichtung auf die Körpergröße der kleinsten Familienmitglieder bedenken: Kinder wachsen! Lassen Sie sich bitte nun nicht von diesen vielfältigen Planungstipps abschrecken! Lieber ein gekaufter Bausatz, der nicht ganz perfekt zusammengeschraubt ist an einem nicht so optimalen Ort, als gar kein Hochbeet! Zur Not reicht auch schon eine ausgediente Holzkiste oder ein kleines Tischhochbeet.

Mehrere Hochbeete mit verschiedenen Höhen werden Familienmitgliedern unterschiedlichen Alters gerecht.

VIELFALT IST TRUMPF

Die Welt der Hochbeete ist so vielfältig wie ihre Nutzer. Sie reicht vom klassischen Kastenhochbeet mit Bodenanschluss über einfache, mit Erde gefüllte Kisten bis hin zum Tischhochbeet für Balkon oder Terrasse. Als Baumaterialien eignen sich Holz, Kunststoff, Stahl oder Stein.

HÜGELBEET

Als Hochbeet-Urtyp gilt das Hügelbeet. Im Grunde besteht es aus einem ausgehobenen Graben, der mit Astmaterial, Kompost und dem Aushub so gefüllt wird, dass ein Hügel entsteht, der bepflanzt werden kann. Es eignet sich besonders als Gemeinschaftsprojekt der ganzen Familie, bei dem auch die Muskeln trainiert werden.

KASTENHOCHBEET

Dieser Klassiker nutzt wie beim Hügelbeet die beim Verrottungsprozess des Füllmaterials freigesetzten Nährstoffe und macht sie den Pflanzen zugänglich. Als Baumaterial kommt typischerweise Holz infrage, aber auch mit Stahl, Kunststoff oder Stein kann die Grundform gebaut werden.

UPCYCLING-VARIANTEN

Weit verbreitet sind auch Hochbeete aus ausgedienten Europaletten, zusammengeschraubt und durch Drähte zusätzlich stabilisiert. An den Außenseiten können zusätzlich Blumentöpfe und andere Pflanzgefäße angebracht werden.

Eine andere Möglichkeit der „gartenbaulichen Resteverwertung" bieten ausgediente Kisten, Badewannen und andere Gefäße. Da sie aber meist keinen Bodenschluss haben, handelt es sich hierbei um keine Hochbeete im klassischen Sinn. Für Unentschlossene bieten sich hier jedoch fantasievolle und einfache Einstiegsmöglichkeiten ins Hochbeet-Gärtnern.

KARTOFFELTURM

KISTENBEET

TISCHHOCHBEET

KASTENHOCHBEET

HÜGELBEET

KRÄUTERSPIRALE

FASSHOCHBEET

Beim Fasshochbeet wird das Füllmaterial durch eine Holz-
konstruktion gehalten,
die einem Fass gleicht. Die
senkrechten Latten werden von
außen durch Metallbänder fixiert.
Durch den Einbau von Vierkanthöl-
zern lässt sich auch die Grundform
eines Schiffsrumpfes herstellen – ein
ideales „Piratenbeet"! Durch zusätzliche Innenverstrebungen können auch
ovale oder birnenförmige Hochbeete
gestaltet werden.

TISCHHOCHBEET

Hierbei handelt es sich um einen
Tisch, in dessen Platte in der einen
oder anderen Weise eine Pflanzmög-
lichkeit eingebaut ist. Im Fachhandel
erhalten Sie die unterschiedlichsten Varianten von Tischhochbeeten.
Diese eignen sich besonders gut für
Kräuter und lassen sich auch auf Ter-
rassen und Balkonen integrieren.

KÜCHENTISCH-MINI-BEET

Die möglichen Hochbeet-
Varianten sind zahlreich
– je nach Platz und
Aufwand ist für jede
Familie etwas dabei.

HÜGELBEET FÜR STEINZEITFREUNDE

Das Hügelbeet ist die Urform eines Hochbeets. Viele Kinder lieben die Vorstellung, wie Steinzeitmenschen zu gärtnern. Im Prinzip handelt es sich dabei um einen rechteckigen Graben, der mit organischem Material wie Holzschnitt und Kompost gefüllt und später wieder mit dem Aushub bedeckt wird.

Ganz ohne zusätzliches Baumaterial kommt ein Hügelbeet aus: Sie brauchen nur Erde, Schnittgut und Muskelkraft!

FÜLLMATERIAL SAMMELN

Zur Anlage eines Hügelbeets benötigt man einige Muskelkraft: zum Ausheben des Grabens und für das Herbeischaffen und Zerkleinern des Füllmaterials. Bitte daran denken: Kinder sollten Gartenscheren nur unter unterstützender Aufsicht von Erwachsenen gebrauchen. Kleine Kinder sind beim gemeinsamen Gebrauch der Astschere mit Papa und den dabei entstehenden Kräften begeistert. Das Familienprojekt „Hügelbeet" kann gut auf mehrere Tage verteilt werden. Hügelbeete sind auch wunderbare Schulprojekte, an denen sich sogar mehrere Klassen beteiligen können. Zum Beispiel können die Äste für das Füllmaterial von den Schülern oder den Kita-Kindern über einen längeren Zeitraum von zu Hause mitgebracht werden. So trägt jede und jeder zum

Eine gelungene Mischung aus Gemüsepflanzen und bunten Blumen erfreut nicht nur die Hügelbeet-Gärtner, sondern auch Biene & Co.

Bau des Hügelbeets bei. Und das Wissen, dass auch einer „meiner" Äste am Wachstum der leckeren Erdbeeren beteiligt ist, ist doch beglückend!

HÜGELBEETE BRAUCHEN PLATZ

Größere Hügelbeete können auch in Bogenform angelegt werden. Ist genügend Platz vorhanden, kann sogar ein Familienhügelbeet angelegt werden. Bei einer Südausrichtung der Bogeninnenseite erhält man einen natürlichen Sonnen- und Wärmefang. Die Erhöhung der Pflanzfläche ergibt sich aus der Menge des verwendeten Füllmaterials und dem Schüttkegel des darauf angehäuften Aushubs. Für Gärten mit weniger Platz und für kleinere „Steinzeitgärtner" reicht jedoch auch eine Länge von 1 m.

Das Füllmaterial liefert, ähnlich wie bei Hochbeeten, in den folgenden Jahren bei seiner Zersetzung durch Kleintiere und Mikroorganismen die notwendigen Nährstoffe für das üppige Pflanzenwachstum. Durch die hügelartige Bedeckung des Innenlebens mit dem Aushub entsteht im Querschnitt eine Kegelform, wodurch die zur Verfügung stehende Pflanzfläche vergrößert wird. Eine Ost-West-Ausrichtung ergibt eine etwas schattigere Nordseite und eine sonnigere und wärmere Südseite. Dem wird später mit einer entsprechenden Bepflanzung Rechnung getragen: Höher wachsende und weniger Sonne benötigende Pflanzen kommen auf die Nordseite; lichtliebende, sonnenhungrige Pflanzen finden sich eher auf der Südseite.

SO WIRD'S GEMACHT

1 DIE VORBEREITUNG

Am besten wird die gewünschte Hügelbeetfläche vorher gemeinsam abgemessen und markiert; so bekommen alle im Vorfeld einen ersten Eindruck von dessen späterer Größe und Lage. Der Sonnenlauf und der etwaige Schattenwurf durch umstehende Gehölze können so besser bedacht werden – und alle können noch einmal ihre Kenntnisse über Himmelsrichtungen und Kompass überprüfen.

2 DER AUSHUB

Um den umgebenden Untergrund zu schonen, legt man direkt neben die vorgesehene Hügelbeetfläche eine Plane, auf welcher der Aushub zwischengelagert wird. Nun kann es losgehen! Alle heben mit großen und kleineren Schaufeln den vorher abgesteckten Graben aus. Wird Ihr Hügelbeet auf einer Wiese oder Rasenfläche angelegt, die Grassoden gesondert ablegen! Sie bilden später – auf den Kopf gedreht – die erste Schicht über der Füllung. Die markierte Fläche etwa 60 cm tief ausgraben; dies entspricht etwa zwei Spatenhöhen und wird alle zum Schwitzen bringen.

3 DIE FÜLLUNG

Die Füllung richtet sich nach dem zur Verfügung stehenden Material. Am besten greift man hierbei auf ohnehin vorhandenes Schnittgut aus dem eigenen Garten zurück. Grundregel dabei ist: Dickere Äste nach unten, dünnere nach oben! Der Gehölzschnitt sollte möglichst kompakt geschichtet werden, um größere Hohlräume zu vermeiden. Durch die enge Schichtung schluckt unser Beet so einiges.

4 DIE SCHICHTEN

Dann folgt jüngerer Kompost, Rasenschnitt und darauf reifer Kompost. Als weitere Schicht werden nun die vorher abgestochenen Grassoden umgedreht, also Wurzeln nach oben, auf das zuletzt eingefüllte Material gelegt und mit Schaufel oder Spaten festgeklopft. Als finale Abdeckung wird der Aushub kegelförmig verteilt. Soll auf dem Beet direkt im Anschluss ausgesät werden, noch eine Schicht lockeren Mutterboden darübergeben – fertig!

WENN NICHT GENUG ÄSTE VORHANDEN SIND

Mittlerweile liefern auch Fachbetriebe das für Hochbeete nötige Füllmaterial frei Haus; dieses könnten Sie grundsätzlich auch für Ihr Hügelbeet nutzen, wenn Sie selbst über nur wenig Äste und Ähnliches verfügen. Aber Sie würden sich und die Kinder des Gemeinschaftserlebnisses und des Muskeltrainings berauben! Verkleinern Sie lieber das Projekt oder fragen Sie in der Nachbarschaft; vielleicht gewinnen Sie so auch weitere Helfer.

Hügelbeet

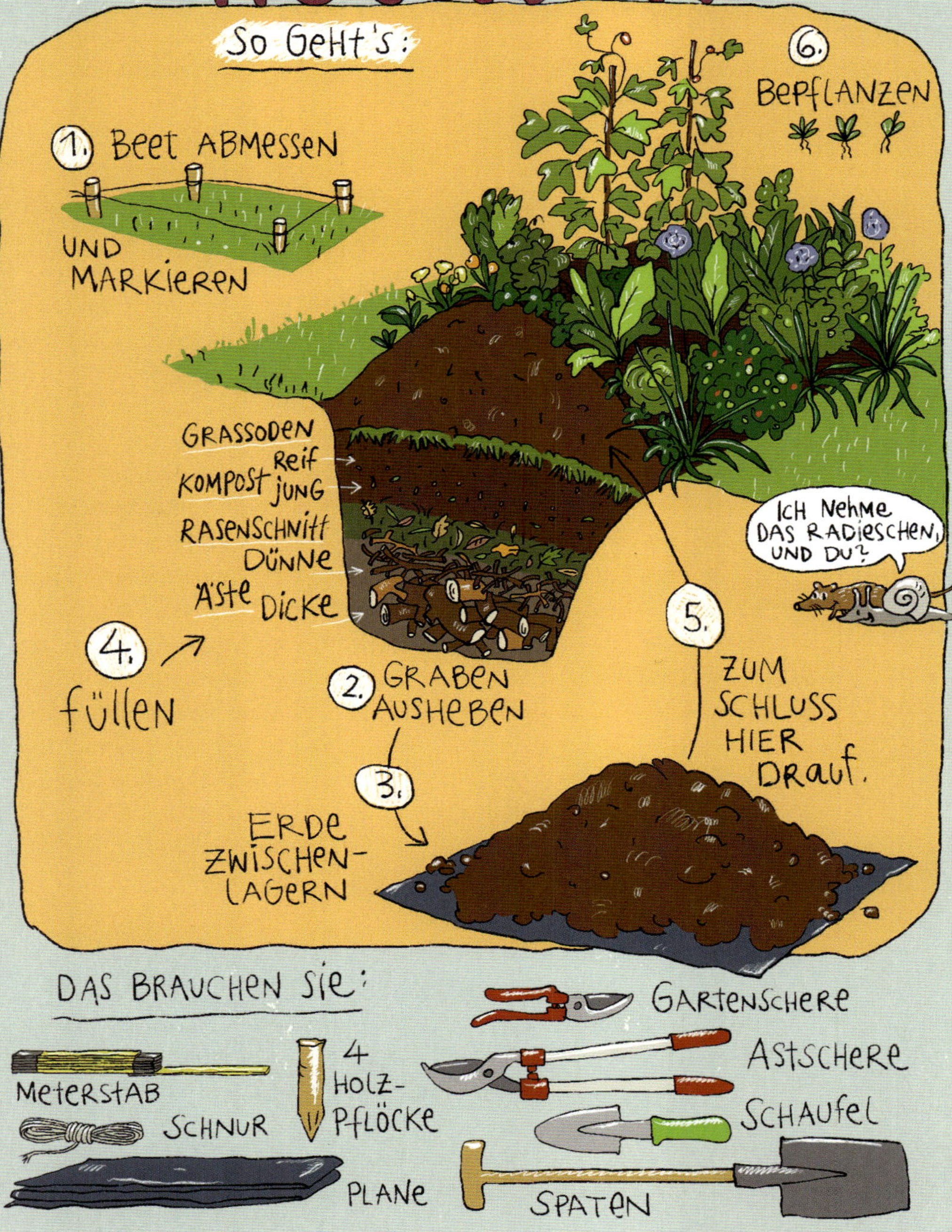

So geht's:

1. Beet Abmessen und Markieren

6. Bepflanzen

Grassoden
Kompost reif / jung
Rasenschnitt
Dünne Äste / Dicke

4. füllen

2. Graben Ausheben

3. Erde Zwischen-lagern

5. Zum Schluss hier Drauf.

Ich Nehme das Radieschen, und du?

Das brauchen sie:

Meterstab

Schnur

4 Holz-pflöcke

Gartenschere

Astschere

Schaufel

Plane

Spaten

ROBUSTES KASTENBEET FÜR RABAUKEN

Das Kastenhochbeet ist der Klassiker unter den Hochbeeten. Es lässt sich so robust anfertigen, dass es auch Rabauken und anderen Wildlingen standhält. Das Bauprinzip bietet maximale Flexibilität bei der gewünschten Größe. Die Baumaterialien reichen von edel und teuer bis einfach und preiswert.

UNSER KLASSIKER

In unserem Garten hat die rustikale Variante aus 4 cm starken Kiefernbaubohlen die Oberhand gewonnen. Auch mit mehreren Schulen und Kitas haben wir robuste Kastenhochbeete bauen können; sie erwiesen sich als besonders widerstandsfähig. Ein weiterer Vorteil: Dieses Beet kann hervorragend mit einem Schneckenschutz, einer unter dem Handlauf angebrachten Kupferfolie, ausgestattet werden.

EINBEZIEHUNG DER KINDER

Der Bau eines Kastenhochbeets bietet zahlreiche Gelegenheiten, Kinder in die Arbeit mit einzubinden, ganz gleich, ob Sie es selbst konstruieren oder einen einfachen Bausatz verwenden. Hier kann der Gebrauch der Bohrmaschine und des Akkuschraubers geübt werden. Lieber ein etwas schiefes Hochbeet mit Fehlbohrungen, als diese Gelegenheit zu verschenken! Auch wenn die spätere Füllung etwas länger dauert, wird es durch die Beteiligung zu „meinem" Hochbeet. Wichtig: Die Höhe des Beetes unbedingt an die Körpergröße der Kinder anpassen!

Nutzen Sie den gemeinsamen Besuch im Baumarkt oder Holzfachhandel als einen für Kinder durchaus spannenden Familienausflug und lassen Sie sich dort die Bohlen auf die richtigen Maße zuschneiden.

„Wie viele Bretter brauchen wir gleich nochmal für das Beet?" Schon die Vorbereitung für's Bauen ist spannend.

> Selbst ist der Gärtner! Beim robusten Kastenhoch- beet können Kinder mit anpacken, aber auch nach Lust und Laune darauf herumturnen.

SO WIRD'S GEMACHT

1 DIE VORBEREITUNG

Die Bohlen wurden im Baumarkt bereits nach Maß zugesägt. Zu Hause angekommen, sollten Sie die notwendigen Bohr- und Konstruktionsarbeiten auf einer möglichst geraden, leicht zugänglichen Fläche vornehmen. Das bietet auch genügend Platz für die vielen helfenden Hände. Für die M8-Schlossschrauben werden 10-mm-Löcher in Bohlen und Pfosten vorgebohrt. So haben die Schrauben später ausrei-

chend Spiel und die Teile können einfacher zusammenbaut werden. Die Löcher für die vier Schlüsselschrauben pro Bohle bohren wir mit 6 mm durch die Bohlen komplett durch und bis zur Hälfte in den Pfosten vor.

2 EIN PROBEAUFBAU

Sie sollten den Korpus des Kastenbeets einmal auf Ihrer geraden Arbeitsfläche zusammenbauen (Schritt 3), um zu sehen, ob alles passt. Danach werden die Bauteile

DER UNTERGRUND

Steht das Beet auf einer gepflasterten Fläche, können Sie zum besseren Ablauf überschüssigen Gieß- oder Regenwassers innerhalb des Hochbeetrahmens einzelne Pflastersteine entfernen. Dies ist vorteilhaft, aber nicht zwingend notwendig. Bei geschlossener Asphaltdecke ist eine entsprechende Drainage durch Bohrungen ohnehin oftmals nicht möglich.

mit bunten Wachsmalstiften markiert, um sie bei der Endmontage richtig platzieren zu können.

3 DER HOCHBEET-RAHMEN

Für den Rahmen werden zunächst die ersten vier Bohlen auf einen Steinunterbau gestellt (eine Kiesschüttung oder, wie in der Zeichnung zu sehen, ein Pflasterstein-Fundament); damit wird gleichzeitig ein Stück Drahtgitter als Wühlmausschutz fixiert. Nun die Pfosten in die Ecken stellen und mit den Schlossschrauben an den Bohlen fixieren. Die Muttern werden nur mit der Hand angezogen; so kann die Ausrichtung bei Bedarf später noch korrigiert werden. Mit den zweiten und dritten Bohlenlagen ebenso verfahren. Das Hochbeet wird abschließend exakt ausgerichtet und die Muttern fest angezogen. Nun folgen die Schlüsselschrauben; diese ziehen sich mit ihrem Gewinde ins Holz und sorgen so für zusätzliche Stabilität.

4 MIT FOLIE AUSKLEIDEN

Jetzt wird die Noppenfolie von innen an den Seitenwänden angebracht. Um die Folie in den Ecken gut umknicken zu können, die Folie am besten mit einer Schere oben leicht einschneiden und anschließend überlappend festtackern. Kleine Beulen und Luftspalten gerade im unteren Bereich der Folie werden später beim Auffüllen der Erde nach außen an die Seitenwände gedrückt.

5 DER HANDLAUF

Nun noch den Handlauf anbringen. Wegen der längeren Haltbarkeit verwenden wir bei diesem der Witterung besonders ausgesetzten Bauteil Lärchenholz. Durch seinen leichten Überstand dient der Handlauf auch als Witterungsschutz für die Seitenwände.

6 DIE FÜLLUNG

Der Rahmen steht, das Hochbeet kann schichtweise befüllt werden. Zunächst kommt grober Gehölzschnitt, dann etwas feinerer Staudenschnitt oder Holzhäcksel, auch Falllaub oder Grasschnitt kann an dieser Stelle aufgefüllt werden. Da Holz und Grasschnitt im Laufe der Zeit verrotten, wird sich die Hochbeetfüllung stark absenken. Durch gezieltes Verdichten – gern in Form von Draufspringen – kann dem entgegengewirkt werden. Dann frischerer Kompost, später reifer Kompost oder Mutterboden und zum Schluss eine dünne Schicht Pflanzerde. Hier reichen 10 cm aus, um das Durchwachsen von unerwünschten Beikräutern zu vermindern. Bis auf die Deckschicht sollten alle Schichten ungefähr gleich stark sein.

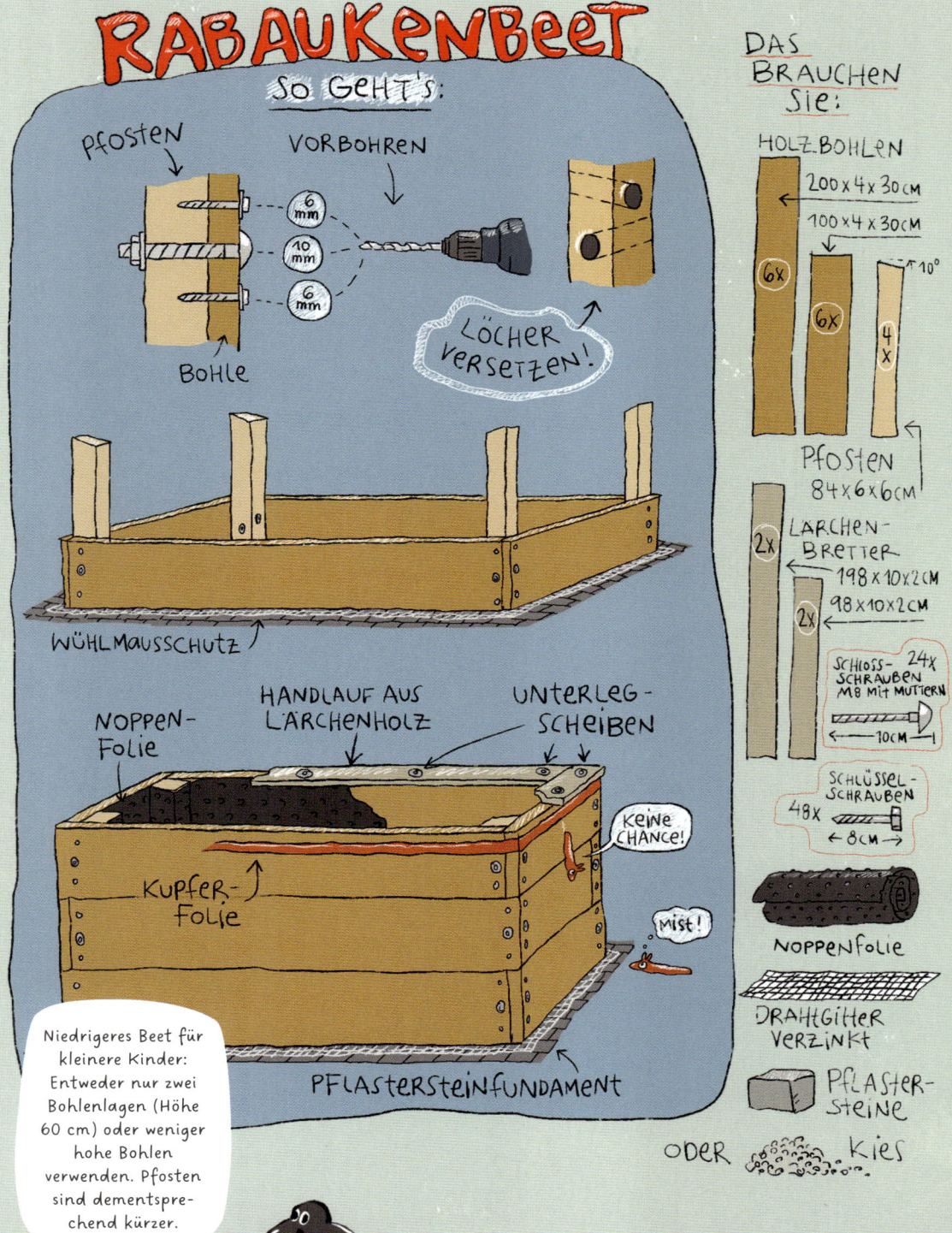

RABAUKENBEET

SO GEHT'S:

DAS BRAUCHEN SIE:

BAUANLEITUNG

PIRATENBEET FÜR ENTDECKER

Die Fantasiewelt von Kindern ist vielfältig. Vom Entdecker über Seefahrer und Pirat bis zum Astronauten und Pipi Langstrumpf oder Momo ist alles möglich und wird oft auch miteinander verbunden. Warum also kein Gemüsebeet in Form eines Schiffsrumpfes? Vom Salatbeet zum Salatboot! Ein Piratenbeet lädt auch sanfte Zeitgenossen zum Träumen ein.

DAS FASS-PRINZIP

Besonders geformte Hochbeete lassen sich mit einer speziellen Bauweise konstruieren: dem Fass-Prinzip. Vom einfachen Zylinder bis zum Schiffsrumpf sind viele Formen möglich. Bei dieser Bauweise machen wir uns die alte Methode zunutze, die bei der Konstruktion von Holzfässern zum Einsatz kommt: Die senkrechten Dauben – das sind die gebogenen Seitenbretter des Fasses – werden durch äußere Stahlbänder, die einen erheblichen Druck aushalten können, zusammengehalten. Für unser Hochbeet verwenden wir Holzlatten, die außen mit Stahllochbändern aus dem Baustoffhandel fixiert werden. Auf diese Weise entsteht zunächst eine Zylinderform, die einem Fass ohne Boden ähnelt.

VOM FASS ZUM SCHIFFSRUMPF

Durch das Anbringen von zwei Kanthölzern, die einander beim späteren Aufstellen gegenüberliegen, kann unser Zylinder in die Form eines Schiffsrumpfes gebracht werden. Durch die spätere Füllung behält das Beet die Form dauerhaft.

Durch zusätzliche Verstrebungen im Beetinneren lässt sich dieser Hochbeettyp bei Bedarf in verschiedene andere Formen bringen: oval, birnen- oder eiförmig.

> Ein Beet, das aussieht, wie ein Boot. Zum Bau braucht es etwas Geschick – Bootbeet oder Beetboot?

"Gemüse ahoi!" Im Piraten-beet gehen Salat & Co. auf große Fahrt und so ein Beet in Schiffsform lässt sich fast überall aufstellen.

SO WIRD'S GEMACHT

① DIE VORBEREITUNG

Die Latten werden nebeneinander auf einen ebenen Untergrund gelegt. Je nach Lattenstärke und späterem Außenradius sollte jeweils ein Spalt von ungefähr einem Schraubendurchmesser zwischen den einzelnen Latten gelassen werden. Dann kann man beim späteren Aufstellen den gewünschten Bogen herstellen, ohne dass sich die Latten gegeneinander verkanten und behindern.

② DIE LATTEN VERBINDEN

Nun werden an den einzelnen Holzlatten die Stahllochbänder mit Holzschrauben befestigt; jeweils drei Schrauben pro Latte und Stahlband. Bei einer Lattenlänge von 60 cm wird ein Lochband 15 cm unter dem oberen Lattenrand und ein weite-res 15 cm über dem unteren Lattenrand angeschraubt. Lassen Sie das Lochband an den Seiten etwa 8 cm überstehen, um die Enden später mit den Pfosten verbinden zu können.

③ HOLZSCHUTZ

Wenn der spätere Standort auf einer ebenen Stein- oder Asphaltfläche liegt, können an der späteren Unterseite 4 cm lange Holzschrauben 1 cm tief mittig in die Stirnseiten der Latten (und später auch in die Pfosten) geschraubt werden. So hat das Lattenholz nach dem Umdrehen 2 cm Abstand zum Boden und kann nach Regen oder Nässe durchs Gießen wieder vollständig abtrocknen. Hierdurch wird die Haltbarkeit der Holzlatten entscheidend verlängert.

4 DAS BEET FORMEN

Wenn die beiden Lattensegmente fertig sind, können sie am späteren Standort aufgestellt werden. Hierbei sind zahlreiche helfende Hände von Vorteil! Die Grundform eines Schiffsrumpfes ergibt sich automatisch aus der Grundkonstruktion: der Verbindung von Lattensegmenten und zwei Pfosten. Die an den Rändern der Lattensegmente überstehenden Stahllochbänder werden überlappend an den Pfosten festgeschraubt. Ob unser Schiff eher eine dickbäuchige Hansekogge oder ein schnittiges Wikingerschiff wird, können wir durch zusammen- oder auseinanderschieben der Lattensegmente steuern.

5 MIT FOLIE AUSKLEIDEN

Die Noppenfolie wird auf die erforderliche Breite geschnitten; sie sollte etwa 5 cm höher als der hölzerne Hochbeetrahmen sein. An der unteren Seite der Folie werden mit der Schere im Abstand von 15 cm etwa 10 cm tiefe Einschnitte gemacht, damit sich die Folie besser an die Fassform anpassen lässt. An der Oberseite wird die Folie etwa alle 10 cm am Holzrahmen festgetackert. An den Seiten darf sich die Folie ungefähr 30 cm überlappen; der Rest wird abgeschnitten.

6 MIT KANTENSCHUTZ

Um die Oberkante des Hochbeetrahmens vor Witterungseinflüssen und Gießwasser zu schützen, verkleiden Sie diese mit einem Stück Gartenschlauch. Dieser dient auch als optischer Abschluss der oberen Hochbeetkante. Hierzu ein Stück Gartenschlauch passend zuschneiden und mit einem scharfen Messer oder einer Schere der Länge nach aufschlitzen. Nun den geschlitzten Schlauch über die obere Kante des Hochbeetrahmens schieben. Normalerweise hält der Schlauch durch die eigene Vorspannung. An schwierigen Stellen und an den Enden den Schlauch mit Schrauben sichern.

7 DIE FÜLLUNG

Nun wird das Hochbeet wie gewohnt gefüllt: zuunterst starker Astschnitt oder grobe Holzschnitzel, darauf feinerer Astschnitt, dann frischer Kompost, Laub oder Rasenschnitt, schließlich reifer Kompost oder humose Gartenerde. Zum Schluss fein gesiebter Reifekompost oder Pflanzerde aus dem Fachhandel – und schon kann das Beet bepflanzt werden.

Ist alles richtig ausgemessen, verschraubt und befestigt, kann das Piratenbeet „in See stechen".

PIRATENBEET

SO GEHT'S:

ABSTANDS-HALTER

2 SCHRAUBEN PRO BRETT

15 CM

60 CM

15 CM

2 CM
2 CM

FÜSSE

"ÜBERLAPPEND"

FESTSCHRAUBEN

helfende Hände

GARTENSCHLAUCH

TACK! TACK!

DAS BRAUCHST DU:

HOLZLATTEN 60 STÜCK
6 x 1,8 x 60 CM

HOLZPFOSTEN 2 STÜCK
4,5 x 4,5 x 75 CM

4,5 x 0,8 m
NOPPENFOLIE

STAHLLOCHBAND
5M

GARTENSCHLAUCH
4M

HOLZSCHRAUBEN
3,5 x 16mm
240 STÜCK   LATTEN

35 x 30mm
8 STÜCK   PFOSTEN

4 x 40mm
70 STÜCK   FÜSSE

DIE KUNTERBUNTE HOCHBEET-FAMILIE

Die „Hochbeet-Familie" ist weitläufig und bunt. Kräuterschnecke und Kartoffelturm gehören zwar nicht zum inneren Familienzirkel, sollen hier aber aufgrund der optischen
Nähe kurz vorgestellt werden.

KARTOFFELTURM

Der Kartoffelturm eignet sich besonders für kleine Gärten
oder aufgrund des später relativ geringen Pflegeaufwands
auch als Schul- oder Kita-Projekt. In seiner gängigsten
Variante besteht er aus einer zu einem Zylinder geformten
Estrichmatte, die dem Turm Halt gibt. Die Höhe des Zylin-
ders sollte der Größe der Kinder angepasst sein, damit sie
beim späteren Befüllen auch wirklich helfen können. Die
Röhre wird mit Ankern (Zelthaken bzw. Heringe) am Boden
fixiert und von innen mit einer Schilfmatte ausgekleidet,
die später das Ausschwemmen der Erde verhindert.
Insbesondere beim Befüllen können auch kleinere Kinder
helfen! Zunächst wird eine Lage Stroh (oder trockenes Heu)
hineingegeben. Dann folgt eine dicke Schicht reifer Garten-
kompost oder Erde, in die Saatkartoffeln gelegt werden.
Es folgen so viele Schichten Kompost – Kartoffeln – Kompost – Kartoffeln …, bis der Kartoffelturm gefüllt ist. Als
Abschluss dient eine weitere Lage Stroh – fertig. Sind die
Kartoffelpflanzen welk, kann geerntet werden.

KRÄUTERSCHNECKE

Der Bau einer Kräuterschnecke ist ein wenig aufwendiger und benötigt, zumindest wenn man es richtig machen will, auch etwas mehr Platz. Die kegelförmig ansteigende Unterkonstruktion besteht aus Kies und Steinen und gewährleistet so in ihrem Zentrum eine gute Drainage. Beim Bau sind viele helfende Hände von Vorteil – ein wunderbares Schul- oder Kita-Projekt! Um die unterschiedlichen Wuchsbedingungen von sonnig und trocken bis feucht und humos gewährleisten zu können, sollte die Kräuterspirale einen Durchmesser von mindestens 3 m haben. Sie ähnelt einem auf der Seite liegenden Riesenschneckenhaus.

Der Kern der meisten Kräuterschnecken besteht aus einem Wall aufgeschichteter Steine von 75–100 cm Höhe. Das Zentrum wird zur besseren Drainage mit grobem Kies, Schotter oder Bruchsteinen gefüllt. Darüber kommt ein Gemisch aus magerer Erde und Sand oder Kies. Der äußere Bereich wird mit humoser Gartenerde bedeckt. Zum unteren Ende der Spirale hin darf die Pflanzschicht immer lehmiger und nährstoffreicher (Kompost untermischen!) sein.

Auf einer Kräuterschnecke gedeihen die unterschiedlichsten Kräuter auf engstem Raum. Im sandig trockenen Zentrum wachsen Rosmarin und Thymian bestens. Durch die sonnige, aber karge Lage entwickeln die Pflanzen einen besonders intensiven Geschmack. Salbei und Oregano kommen eine Etage tiefer. Ysop und Minze fühlen sich im humosen äußeren Bereich besonders wohl. Alles da, für Pizza und Kräutertee!

Mikrogrün ist eine tolle Gemeinschaftsaktion für die ganze Familie, die Kita-Gruppe oder die Schulklasse. Dann kann jeder ein anderes Mikrogrün anbauen und zum Schluss probiert jeder von jedem.

MIKROGRÜN: MINI-BEET AM KÜCHENTISCH

Wer im Winter oder ohne großes Hochbeet eigenes Grünzeug ernten will, braucht nicht unbedingt einen Garten. Für Mikrogrün reicht ein Blumentopf, etwas Anzuchterde und ein warmes Plätzchen auf der sonnigen Fensterbank. Schon nach 1–3 Wochen kannst Du Dein Mini-Beet auf den Küchentisch stellen und beim Abendessen ernten.

DAS MIKROGRÜN-PRINZIP

Beim Mikrogrün wird nicht das voll entwickelte Gemüse geerntet, sondern die Mini-Pflänzchen, wenn sie gerade einmal ihre Keimblätter und ein bis zwei weitere Blättchen entwickelt haben. Darum kannst Du auch schon nach so kurzer Zeit (2–4 Wochen) ernten. Mikrogrün ist also etwas für Ungeduldige – nicht nur im Winter!

BESONDERES SAATGUT

Für Mikrogrün gibt es im Fachhandel spezielles Saatgut. Auf unserem Mini-Beet wird es auch viel großzügiger ausgesät als im Gartenbeet. Wenn Du wenig Samen verwendest, erhältst Du weniger Pflänzchen; säst Du enger, ist die spätere Ernte üppiger.

Als Saatgut haben wir bereits Radieschen, Inkarnat-Klee, Alfalfa, Kresse, Bockshornklee, Senf, Weizen und Hirse ausprobiert. Sollte Dir diese Auswahl noch nicht reichen, kannst Du im Fachhandel noch andere Mikrogrünarten erhalten.

ES GEHT GANZ EINFACH

Du füllst einen Blumentopf mit Aussaaterde und feuchtest sie leicht an. Dann streust Du Dein Saatgut großzügig auf die Erde und arbeitest es vorsichtig ein oder bedeckst es mit etwas Sand. Das sorgt für einen guten Bodenkontakt der Samen und verhindert gleichzeitig Schimmelbildung, da Wasser gut abfließen kann.

Bis zur Keimung vergehen je nach Art 1–2 Wochen. So lange stellst Du die Pflanzen an einen warmen Ort. Dabei musst Du die Ansaat gleichmäßig feucht, aber nicht zu nass halten. Sobald die Keimung einsetzt, stellst Du Dein Mini-Beet hell auf. Die meisten Arten sind etwa 1 Woche nach der Keimung erntereif.

Zum gemeinsamen Essen stellst Du Dein Mini-Beet auf den Küchentisch und kannst der ganzen Familie etwas von Deiner Ernte anbieten. Nun erfolgt eine wahre Geschmacksexplosion im Mund; denn Mikrogrün schmeckt oft deutlich intensiver als die voll ausgewachsen Pflanzen. Also Vorsicht beim ersten Essversuch: Radieschen-Mikrogrün ist viel schärfer als die ausgewachsenen Radieschen!

Mikrogrün wächst platzsparend, weil es geerntet wird, wenn es noch winzig ist. Es ist lecker und gesund, denn es enthält oft mehr sekundäre Pflanzenstoffe als ausgewachsenes Gemüse. Außerdem ist es lustig, sein eigenes Mini-Beet auf dem Tisch in der Wohnung zu haben.

EIFRIGER ARBEITER: DER REGENWURM

Eines der wichtigsten und interessantesten Tiere im Erdreich ist der Regenwurm. Es gibt weltweit gut 3000 Arten, in Deutschland leben davon knapp 50. Die bekanntesten Vertreter sind der 10–30 cm lange Gemeine Regenwurm (*Lumbricus terrestris*) und der 5–12 cm lange Kompostwurm (*Eisenia foetida*). Sie arbeiten meist im Verborgenen ...

REGENWURMSAFARI

Der Gemeine Regenwurm, der auch Tauwurm genannt wird, lebt häufig in Gärten und auf Wiesen. Man kann ihm nachts oft auch überirdisch begegnen. Zu erkennen ist er an seinem rötlich gefärbten Vorderende und seinem blassen Hinterteil. Mit einer Taschenlampe ausgestattet und etwas Glück, kannst Du ihn bei seinem nächtlichen Treiben an der Erdoberfläche sehen, wie er Pflanzenreste in die Unterwelt zieht. Am erfolgversprechendsten ist die „Regenwurmsafari" bei taunassem Boden. Vom Lichtkegel erhellt, kann man ihn kurz zwischen den Grashalmen erblicken. Dann zieht er sich blitzschnell in die Erde zurück, wo er den Boden intensiv durchwühlt.

Dem Kompost- oder auch Mistwurm

WAS MACHT DER REGENWURM IM WINTER?

Die meisten Regenwürmer findet man im Frühjahr und im Herbst, wenn für sie günstige Temperaturen herrschen. Dann sind die Tiere am aktivsten. Wird es ihnen im Sommer zu heiß und zu trocken oder im Winter zu kalt, graben sie sich tief ins Erdreich hinein, ringeln sich zu Knäueln zusammen und fallen in eine Art Sommerstarre beziehungsweise Winterschlaf.

Der Regenwurm ist ein fleißiger Helfer für kleine und große Gärtner und Gärtnerinnen. Ausgewachsene Tiere können ganz schön lang werden!

hingegen begegnet man, wie schon sein Name sagt, meistens beim Umschichten im Komposthaufen. Er ist rot mit gelblichen Ringen um seinen Körper.

EIN WURM GEHÖRT IN DIE ERDE!

Die Flucht an die Oberfläche bekommt den Regenwürmern nicht immer gut, werden sie doch bei dieser Gelegenheit häufig Opfer einer hungrigen Amsel oder eines Igels. Oder sie gelangen bei beendetem Regen und wieder einsetzendem Sonnenschein nicht schnell genug zurück ins rettende Erdreich – auch das kann übel enden. Denn die Haut der Regenwürmer ist äußerst empfindlich und reagiert sogar schon bei einigen Sonnenstrahlen während eines Regenschauers mit Sonnenbrand, was den Wurm meistens das Leben kostet. Wer

also einen noch lebenden Regenwurm an der Erdoberfläche findet und ihn an eine schattige Stelle bringt, wo er sich schleunigst wieder eingraben kann, tut dem kleinen Bodenbewohner einen großen Gefallen!

HILFREICHE GARTENBEWOHNER

Nicht von ungefähr sind Regenwürmer des Gärtners Freunde: Sie durchlüften den Boden und bereiten durch ihre Verdauung Nährstoffe für die Pflanzen vor. Ihre Gänge können bis zu 3 m in die Tiefe reichen und bis zu 20 m lang sein, je nach Beschaffen-

DAS MÄRCHEN VOM GETEILTEN REGENWURM

Leider ist es nur ein Märchen, dass bei einem in der Mitte getrennten Regenwurm beide Teile weiterleben. Höchstens das Vorderende eines Regenwurms, in dem sich alle lebenswichtigen Organe befinden, kann potenziell weiterleben, vorausgesetzt, der Darm ist noch lang genug. Im günstigsten Fall wächst dann ein neues, dünneres Hinterende nach. Dennoch sterben die meisten Würmer an einer folgenden Wundinfektion. Außerdem soll man Tieren niemals ohne Not Schmerzen zufügen!

Wo ist bei einem Regenwurm eigentlich vorne, wo hinten? Ganz einfach: Das Vorderteil hat eine rötliche Färbung, das Hinterteil ist eher blass.

heit des Erdreichs. Bei durchschnittlichen 100 Regenwürmern pro Quadratmeter Boden kommt schon eine ganze Menge an Gängen zusammen! Auch in der „wilden" Natur spielen sie eine entscheidende Rolle im Nährstoffkreislauf. Außerdem entsteht auf Böden mit vielen Regenwurmgängen keine Staunässe; selbst bei starken Regenfällen kann die Erde den Regen wie ein Schwamm aufnehmen. Pflanzenwurzeln und wichtige Bodenorganismen haben es im lockeren Boden ebenfalls leichter.

Die kleinen Häufchen am Ausgang der Grabungsgänge der Regenwürmer sind Zeichen der auch für uns hilfreichen Arbeit der regen Tiere. Diese „Spuren des Lebens" sind nichts anderes als besonders gute Erde!

REGENWURMARENA

Mit einer Regenwurmarena kann man das unterirdische Treiben der Würmer beobachten. Zum Bau eignet sich eine durchsichtige Einweg-Getränkeflasche. Beim Abschneiden des oberen Flaschenteils und dem Anbringen der Entwässerungsbohrungen am Flaschenboden sollte ein Erwachsener helfen. Nach den Beobachtungen wird die Regenwurmarena stets mit einem lichtundurchlässigen Tuch verhüllt und an einen schattigen Platz gestellt. Kurzzeitig kann man das Tuch wieder lüften, um mit dem „Regenwurmkino" fortzufahren. Nach einigen Wochen ist es dann aber an der Zeit, Deine Regenwürmer wieder in den Garten oder auf die Wiese in die Freiheit zu entlassen.

WIMMELNDES LEBEN IN DER TIEFE

Neben Regenwürmern wird das Erdreich von Tausenden anderer Tierarten und Kleinstlebewesen bevölkert: von der Assel über den Maulwurf bis zu Abertausenden Mikroben. In der Erde findet sich eine ebenso große Vielfalt wie auf ihr.

KELLERASSEL

Die Kellerassel (*Porcellio scaber*) ist ebenfalls fast weltweit verbreitet und kommt in Mitteleuropa häufig vor. Sie lebt am liebsten unter Steinen oder Holz und ist auch gelegentlicher Gast im oder am Hochbeet. Die martialisch aussehenden Tiere ernähren sich überwiegend vegetarisch und sind für uns Menschen ungefährlich. Aber auf unsere Kartoffeln und unser Obst müssen wir aufpassen, denn das haben sie zum Fressen gern.

HUNDERTFÜSSER

Hundertfüßer (*Chilopoda*) gibt es weltweit und zwar mehrere Tausend Arten. Tagsüber verstecken sie sich unter Laub, Steinen oder Holz und meiden das Licht. Nachts gehen sie auf Jagd. Sie verfolgen ihre Beute aktiv und packen sie dann mit ihren giftbewehrten Mandibeln; das sind die vorn liegenden, klauenartigen Zangen. Für uns Menschen sind die heimischen Hundertfüßer harmlos.

SCHNURFÜSSER

Auch die Schnurfüßer (*Julida*) leben gerne im Verborgenen unter Blättern, Holz oder Steinen. Allein in Deutschland gibt es über 50 verschiedene Arten. Sie können sich gleich einem Rammbock durch den losen Humus schieben. Sie ernähren sich überwiegend vegetarisch von abgestorbenen Pflanzenteilen, aber auch Aas verschmähen sie nicht. Um Feinde abzuwehren, rollen sie sich manchmal wie eine Lakritzschnecke auf.

OHRWURM

Die auch Ohrenkneifer genannten Ohrwürmer lieben es eher dunkel; zumeist gehen sie erst mit einsetzender Dämmerung auf Jagd. Da sie auch Raupen und Blattläuse fressen, sind sie bei Gärtnern sehr beliebt. Nur bei dünnschaligem Obst wie Kirschen können sie auch Schäden verursachen. Der Gemeine Ohrwurm (*Forficula auricularia*) ist bei uns weit verbreitet und hat seinen Namen nicht, weil er so fies ist, sondern weil es ihn so oft („allgemein") gibt.

TIEFENREKORD

Nahm man früher an, das Leben würde nur ein paar Meter tief in den Boden reichen, so weiß man heute, dass noch in einigen Hundert Meter Tiefe Leben anzutreffen ist. Fast jedes Jahr werden neue Tiefenrekorde gemeldet, in denen zum Beispiel Bakterien unter teils extremen Bedingungen anzutreffen sind. Diese sogenannten Extremophilen, die in bislang als lebensfeindlich angesehenen Umgebungen leben, veranlassen selbst die Weltraumforschung dazu, an neuen, bisher als ausgeschlossen geltenden Orten nach Leben zu suchen.

VON DER AUSSAAT ZUR ERNTE

Welche Pflanzen dürfen auf das fertige Hochbeet einziehen? Was kann ich mit Kindern besonders leicht aussäen, welches Gemüse unproblematisch einpflanzen? Und wie funktionieren Säen und Pflanzen überhaupt? Auf den folgenden Seiten bekommen Sie einen Überblick dazu und außerdem befassen wir uns mit der spannenden Frage: Was ist Obst – was ist Gemüse?

Endlich ist das Beet fertig aufgebaut und befüllt – jetzt geht's an Aussäen und Einpflanzen von Gemüse, Obst und Salat – hm, lecker!

SÄEN, VORZIEHEN, PFLANZEN

Welche Pflanzenarten werden am besten am Fensterbrett vorgezogen, welche direkt ins Beet gesät und wann empfiehlt sich der Kauf vorgezogener Jungpflanzen? Wie gelingen Säen und Pflanzen am besten? Welche Pflanzen lassen sich besonders gut mit Kindern aussäen und einpflanzen?

Beim Aussäen muss sorgsam vorgegangen werden – bei größeren Samen können das auch Kinderhände bewerkstelligen, bei kleinen helfen die Eltern.

AUSSAAT

Werden Pflanzensamen in feuchte und ausreichend erwärmte Erde gelegt, dauert es je nach Pflanzenart wenige Tage bis einige Wochen, bis die Samen keimen. Wichtige Angaben auf der Samentüte sind der richtige Zeitpunkt für die Aussaat der entsprechenden Pflanzenart und ob sie Licht- oder Dunkelkeimer ist. Letzteres bedeutet, die Samen werden entweder nur auf die Erde gelegt und leicht angedrückt (Lichtkeimer) oder mit Erde bedeckt (Dunkelkeimer).

Besonders schnell keimende Samen wie die von Garten-Kresse oder Radieschen eignen sich gut für Kinder, um das „Wunder der Pflanzenentstehung" zu beobachten. Doch auch Bohnensamen, die zwar je nach Bodentemperatur zwischen 1,5 und 3 Wochen zur Keimung benötigen,

Schon im Februar und März können erste Pflänzchen am hellen Fensterbrett bei etwa 20 °C vorgezogen werden.

sind aufgrund ihrer Größe beeindruckende Anschauungsobjekte.

PFLANZEN VORZIEHEN

Die Anzucht von Jungpflanzen am Fensterbrett ist bei frühen, sehr langsam wachsenden und besonders wärmebedürftigen Gemüsearten wie Tomaten oder Paprika sinnvoll. Überprüfen Sie vor der Aussaat das Alter angebrochener Samentütchen: Gemüsesaatgut ist oft nicht lange lagerfähig und soll schnell aufgebraucht werden.

Ein sonniges, helles Südfenster ist eine ideale Anzuchtstation. Sie brauchen: Anzuchtschalen oder kleine Töpfe, ungedüngte Anzuchterde (aus dem Fachhandel), eventuell eine Glasscheibe oder durchsichtige Plastikfolie zum Abdecken – und los geht's! Samen in oder auf die Erde legen, angießen und bis zur Keimung eventuell mit Folie oder der Scheibe abdecken. Ist ein Großteil der Samen gekeimt, brauchen sie nicht mehr ganz so viel Wärme und Sie müssen für eine Belüftung der Saaten sorgen. Machen Sie einige Löcher in die Plastikfolie oder legen Sie Holzstäbchen unter die Glasscheibe.

Vorsichtig werden die kleinen Pflänzchen aus der Erde gehoben, um in größere Töpfe oder ins Beet umzuziehen.

Vorgezogene oder gekaufte Jungpflanzen mit Wurzelballen sind meist robust genug, um von den Kindern selbstständig eingepflanzt zu werden.

PFLANZEN PIKIEREN

Sobald die Sämlinge zu kräftigen Pflanzen herangewachsen sind, wird es im Topf oder in der Saatschale zu eng. Es ist Zeit fürs Vereinzeln oder Pikieren. Vereinzeln Sie die Keimlinge je nach Pflanzenart etwa 3–6 Wochen nach der Aussaat. Dazu mit einem Holzstäbchen vorsichtig die Erde rund um jede Pflanze lockern, sie mit möglichst vielen Wurzeln herausheben und anschließend in größere Töpfe oder direkt ins Beet setzen. Kinder können dabei am besten bei großen, robusten Pflanzen helfen wie bei Tomaten, Bohnen oder Erdbeeren.

JUNGPFLANZEN SETZEN

Werden die Pflanzen ins Hochbeet gesetzt, das Substrat gegebenenfalls vorab auflockern und auf ausreichende Abstände achten. Pflanzen gut andrücken und angießen. Bei Salat- und Erdbeerpflänzchen aufpassen, dass sie nicht zu tief in der Erde sitzen. Bei frisch gesetzten Jungpflanzen immer ein Auge auf mögliche Schneckenbesuch haben.

WAS PASST ZUSAMMEN?

Wird unterschiedliches Gemüse auf einem Beet angebaut, müssen die verschiedenen Nährstoffbedürfnisse berücksichtigt werden. Gemüse mit großem Nährstoffhunger passt am besten auf ein neu angelegtes Beet, das durch die Zersetzung der Materialien in seinem Inneren viele Nährstoffe liefert. Da diese von den verschiedenen Kulturen nach und nach aufgebraucht werden, nimmt der Nährstoffgehalt im Beet von Jahr zu Jahr ab – entsprechend richtet sich danach die weitere Bepflanzung.

Sind nicht mehr so viele Nährstoffe im Beet, sind „schwachzehrende" Gemüsearten wie z. B. Radieschen ideal.

MISCHKULTUR

Nicht alle Pflanzenarten wachsen gerne nebeneinander – andere begünstigen sich sogar gegenseitig durch ihre Nachbarschaft. Sofern es möglich ist, versuchen Sie daher bei der Hochbeet-Bepflanzung, Arten nebeneinanderzusetzen, die einander „grün" sind. Sollte das nicht immer so gut klappen, ist das auf einem Hochbeet weniger nachteilig als auf einem Bodenbeet, da im Hochbeet ja sowieso alle paar Jahre neues Substrat aufgefüllt wird.

Mischkultur tut dem Gemüse gut – und beschert uns vielfältige und farbenfrohe Beete!

WELCHE PFLANZEN GIBT ES?

Wer Obst und Gemüse auf dem Hochbeet anbaut, stößt schon bald auf verschiedene Begriffe, die einer Erklärung bedürfen. Wer mit Kindern gärtnert, sieht sich zudem zahlreichen Fragen ausgesetzt, über deren Beantwortung auch bisher wenig gärtnerisch tätige Erwachsene erst einmal nachgrübeln müssen ...

OBST ODER GEMÜSE?

Ob etwas Obst oder Gemüse ist, dafür gibt es keine feste wissenschaftliche Unterscheidung. Botanisch gesehen ist alles Frucht, was aus einer befruchteten Blüte entsteht. Früchte sind demnach Äpfel und Johannisbeeren, aber auch Tomaten und Kürbisse, bei denen es sich genau genommen sogar um Beeren handelt! Man unterteilt Gemüse daher in Fruchtgemüse (Tomaten), Blatt- und Blattstielgemüse (Mangold), Wurzel- und Knollengemüse (Möhren), Zwiebelgemüse (Zwiebeln) und Hülsenfrüchte (Bohnen). Schwierig wird es beim Rhabarber: Man verwendet die Blattstiele, was ihn zum Gemüse macht, bereitet ihn allerdings süß zu – wie Obst!

„MUS" UND „BEIKOST"

Das Wort „Gemüse" lässt sich auf einen mittelhochdeutschen Ausdruck für Brei zurückführen: „Mus" als Bezeichnung für gekochtes Gemüse. Die ursprüngliche Bedeutung von Obst hingegen war „Zuspeise" oder „Beikost", womit die roh genießbaren Früchte von Bäumen und Sträuchern gemeint waren. Auch diese Definition greift nicht immer, wie man an der Erdbeere sieht.

EIN- ODER MEHRJÄHRIG?

Die meisten unserer Obstarten wachsen als ausdauernde, mehrjährige Pflanzen: Apfelbaum und Beerenstrauch, aber auch die Erdbeerpflanze. Unser Gemüse ist größtenteils nur einjährig. Nach einer Vegetationsperiode sterben die Pflanzen ab; aus ihren Samen entsteht der Nachwuchs. Manche, wie die Möhre, sind auch zweijährig – würde man sie im Beet stehen lassen und nicht ernten. Einige exotische Fruchtgemüse wie die Mexikanische Minigurke sind in ihrer Heimat mehrjährig, überstehen aber bei uns den Winter nicht.

KRÄUTER

Neben Obst und Gemüse – Salat zählt übrigens zum Gemüse – wachsen auch Kräuter auf unserem Hochbeet. Hier trifft ebenfalls eine Unterscheidung in ein-, zwei- und mehrjährig zu: Kerbel, Dill, Basilikum sind einjährig, Petersilie ist zweijährig, Thymian, Minze, Melisse und Co. sind mehrjährig.

TOMATE

Lycopersicon esculentum var. esculentum

Kein Sommer ohne Tomaten – sobald sich die ersten Früchte rot färben, steht dem Tomatengenuss nichts mehr im Weg! Kinder lieben es, knackige Tomaten direkt vom Hochbeet zu naschen.

Sorten für's Hochbeet:

♥ *'Brandywine'*: Fleisch-tomate; hell-/schwarzrote, schwere Früchte

♥ *'Rote Zora'*: robuste, starkwüchsige Flaschentoma-te; längliche, rote Früchte

♥ *'Rote Murmel'*: robuste Wildtomate; zahlreiche kleine rote Früchte

♥ *'Ochsenherz'*: schnitt-feste Fleischtomate; samenfest

♥ *'Green Zebra'*: gestreifte Stabtomate, bleibt grün

♥ *'Tumbling Tom Red'*: hängende Buschtomate

STANDORT

Tomaten lieben humoses, durchlässi-ges, ausreichend feuchtes, nährstoff-reiches Substrat; der Platz soll warm und sonnig sein. Sie sind Starkzehrer, das heißt, sehr nährstoffbedürftig. Wählen Sie fürs Freie geeignete Sor-ten. Außerdem wichtig: Nicht neben oder nach Kartoffeln anbauen, sonst droht eine Infektion mit dem Kraut-fäulepilz!

ANBAU

Vorkultur ab Februar/März bei etwa 18 °C; Saattiefe 1–2 cm. Jungpflanzen nach Entwicklung der ersten beiden Blattpaare in Töpfe pikieren und ab Mitte/Ende Mai auspflanzen, dabei 5–10 cm tiefer setzen, als sie im Topf standen. Pflanzabstand 60 cm. Boden tief lockern. Beim Einpflanzen Pflan-zenstützen dazustecken. Ab Blüten-bildung alle 14 Tage mit einem kali-umreichen Tomatendünger düngen, gleichmäßig feucht halten. Triebe in den Blattachseln regelmäßig ausbre-chen, der Profi sagt „ausgeizen" (Aus-nahme: Buschtomaten). Nicht von oben auf die Pflanzen gießen.

ERNTE

Ernte von Juli bis September. Vollreif mit Stiel ernten; rohe, grüne Früchte sind giftig! Eine Ausnahme bilden grünfrüchtige Sorten. Vor den ersten Frösten letzte grüne Früchte ernten und im Zimmer nachreifen. Nicht im Kühlschrank aufbewahren, sondern dunkel bei etwa 13–15 °C. Geeignet zum Einfrieren und Einlegen, für Pesto.

TOMATILLO

Physalis philadelphica

Tomatillos haben ein angenehm süßsäuerliches Aroma, das eher an Obst als an Gemüse erinnert, kombiniert mit einer frischen, knackigen Konsistenz. Sie gedeihen unter ähnlichen Bedingungen wie Tomaten, der Anbau ist aber unkomplizierter und somit kindertauglich.

STANDORT

Tomatillos mögen humoses, lockeres, nährstoffreiches Substrat und einen warmen, geschützten Standort. Sie sind Mittelzehrer; eine Kompostgabe vor der Pflanzung (2 l/m²) ist ausreichend. Tomatillos kommen gut mit wenig Wasser aus, eine reichichere Wasserversorgung bringt aber zusätzliche Früchte.

ANBAU

Ab Februar/März bei 20–25 °C auf der warmen Fensterbank aussäen, 1–2 cm tief. Abstand etwa 2–3 cm. Sobald die Jungpflanzen etwa 5 cm hoch sind, in Töpfe pikieren und erst nach den letzten Frösten bzw. nach den Eisheiligen (in kalten Lagen sogar etwas später) ins Freie bringen; Pflanzabstand 70–80 cm. Tiefes Pflanzen fördert die Seitenwurzelbildung. Pflanzen an Schnüren oder Stäben ziehen. Ab dem Fruchtansatz mit einer weiteren Kompostgabe (2 l/m²) versorgen. Nicht von oben auf die Pflanzen gießen! Ein Ausgeizen wie bei Tomaten ist unnötig.

ERNTE

Erntebeginn ist, sobald von Juli bis September (im Gewächshaus bis November) die lampionartigen Hüllblätter aufbrechen und die Früchte zu Boden fallen. Vollreife Früchte ohne Hüllblatt sind frisch zum Rohessen geeignet (unreife Früchte nicht verzehren!) oder werden in Chutneys, Currys, Salsas („Salsa verde"), Soßen, Ratatouille, Gemüsegerichten und Eintöpfen verarbeitet.

Sorten für's Hochbeet:

♥ *'Cisneros'*: sehr große, grüne Früchte

♥ *'Tomate Verde'*: früh reifend; große, flache, gelbgrüne Früchte

♥ *'Purple'*: von grün zu violett abreifende Früchte, schmecken je nach Reifegrad säuerlich bis süßwürzig

♥ *'De Milpa'*: etwas kleinere, tiefviolette Früchte, etwas länger haltbar als andere Sorten

ANDENBEERE (KAPSTACHEL- BEERE)

Physalis peruviana

Leuchtend orangefarbene Beeren von der Größe einer Cocktailtomate, die direkt vom Beet genascht werden können und süß-säuerlich schmecken – das sind die Früchte der Andenbeere. Die Pflanze kommt aus Südamerika, gedeiht jedoch auch bei uns.

> ### · WICHTIG ·
> Die verwandte und ähnlich aussehende Zierpflanze Lampionblume (*Physalis alkekengi*) mit orangefarbenen Lampions ist nicht zum Verzehr geeignet!

Sorten für's Hochbeet:

♥ *'Aguayamanto'*: besonders süß; früh und sicher ausreifend

♥ *'Little Lanterns'*: kleine, aber zahlreiche Früchte; kompakter Wuchs; früh reifend

♥ *'Schönbrunner Gold'*: große, aromatische Früchte; ertragreich

STANDORT

Die unkomplizierte, meist einjährige Andenbeere braucht ein humus- und strukturreiches, mäßig nährstoffreiches, nicht zu trockenes Substrat und – passend zu ihrer Herkunft – einen möglichst hellen, vollsonnigen und windgeschützten Standort. 4 Jahre Anbaupause einhalten, bevor Andenbeeren wieder auf dasselbe Beet kommen.

ANBAU

Ab Februar am warmen Fensterbrett bei mindestens 20 °C aussäen, Samen leicht mit Erde bedecken und feucht halten. Nach etwa 4 Wochen in Töpfe pikieren und ab Ende Mai aufs Hochbeet setzen, Pflanzabstand 50 x 90 cm. Vor dem Auspflanzen jeweils eine Handvoll Hornspäne ins Pflanzloch geben. Nur zwei bis drei kräftige Triebe stehen lassen und an Pflanzstäbe anheften, die übrigen entfernen. Regelmäßig gießen.

ERNTE

Ernte von Juli bis Oktober. Wichtig: Erst ernten, wenn die lampionartige Blatthülle vertrocknet, pergamentartig und braun ist. Die im Inneren sitzenden orangefarbenen Früchte können roh gegessen, für Desserts, Kuchen, Marmeladen und Chutneys verwendet werden. Früchte immer mit Hüllblättern ernten, dann halten sie sich länger. Unreife grüne Früchte sind giftig und dürfen nicht verzehrt werden!

ERDBEERE

Fragaria × ananassa

Leuchtend rot und süß – Kinder lieben Erdbeeren! Was liegt näher, als beim gemeinsamen Gärtnern mit Kindern die süßen und gleichzeitig gesunden Beeren anzubauen? Das bodendeckende Beerenobst lässt sich auf dem Hochbeet leicht kultivieren.

STANDORT

Gartenerdbeeren mögen es gerne warm und sonnig; die robusten Wald- und Monats-Erdbeeren lieben es hingegen etwas schattig. Das Substrat sollte humos, durchlässig, dabei gut wasserspeichernd und nährstoffreich sein. Erdbeeren passen auch an den Beetrand, wo sie leicht überhängen und praktisch geerntet werden können.

ANBAU

Gepflanzt wird im Juli/August; am besten in Reihen mit etwa 40 cm Abstand in der Reihe und 20–30 cm zwischen den Pflanzen. Achten Sie darauf, die Herzknospe auf keinen Fall zu tief zu setzen. Im Frühjahr und ein zweites Mal nach der Ernte mit Kompost oder Langzeitdünger versorgen, mulchen, nach dem Fruchtansatz mit Stroh unterlegen. Ausläufer zur Neupflanzung im Juni/Juli abnehmen bzw. auf jeden Fall entfernen. Bei Wintertemperaturen unter -10 °C mit Reisig oder einer Laubabdeckung schützen.

ERNTE

Je nach Sorte kann ab Mai bis in den September hinein geerntet werden. Die Früchte eignen sich zum Frischessen und zur Verarbeitung zu Marmelade und Gelee, für Kuchenbeläge und Desserts.

Sorten für's Hochbeet:

♥ *'Elsanta'*: sehr ertragreich; große, feste, aromatische Früchte; einmal tragend

♥ *'Evita'*: große, feste, zuckersüße Früchte; zweimal tragend

♥ *'Ostara'*: wüchsig und ertragreich; große, feste, saftige Früchte; zweimal tragend

♥ *'Alexandria'*: Monats-Erdbeere ohne Ausläuferbildung, blüht und fruchtet von Juni bis Ende September; tolles Walderdbeeraroma

♥ *'Rügen'*: ertragreiche Monats-Erdbeere, kaum Ausläufer; köstlicher Geschmack nach Walderdbeere

♥ *'Hummi'*: ertragreiche Kletter-/Hänge-Erdbeere mit bis 150 cm langen Trieben; köstliches Walderdbeeraroma

KÜRBIS

Cucurbita maxima und Cucurbita pepo

Kürbisse gehören zu den beeindruckendsten Pflanzen im Hochbeet: variantenreich an Formen und Farben, üppig im Wachstum, vielseitig in ihrer Verwendung. Dabei handelt es sich – nicht nur für Kinder überraschend – bei den Früchten botanisch gesehen um riesige Beeren!

Sorten für's Hochbeet:

♥ *'Roter Hokkaido'*: zwiebelförmig, orangerot, sehr aromatisch; Winterkürbis (lagerfähig)

♥ *'Patisson Blanc'*: Ufoförmig, weiß; Sommerkürbis (bald nach der Ernte verzehren)

♥ *'Spaghettikürbis'*: länglich-breit, hellgelb, Fleisch in spaghettiartigen Fasern, wenn er im Ganzen gekocht wird; Sommerkürbis (bald nach der Ernte verzehren)

STANDORT

Kürbis mag es sonnig bis halbschattig. Das Substrat sollte humos, möglichst feucht und nährstoffreich sein (Starkzehrer). Zur Ausbildung von Blattwerk und Früchten benötigt die Pflanze viel Wasser. Ausreichend Platz einplanen (mindestens 1 m²)! 4 Jahre Anbaupause einhalten.

ANBAU

Vorziehen im April in Töpfen auf dem warmen Fensterbrett; Keimtemperatur: mindestens 20 °C. Haben die Pflanzen zwei bis drei Blätter, ab Mitte/Ende Mai ins Beet setzen, sobald die Bodentemperatur etwa 20 °C beträgt. Zuvor Jungpflanzen langsam abhärten; vor Schnecken

schützen. Rankhilfe anbringen, mulchen, ausreichend wässern.

ERNTE

Hat der Kürbis seine sortentypische Farbe, klingt er beim Dranklopfen hohl oder dumpf, ist der Stiel am Ansatz eingetrocknet, lässt sich die Schale nicht mehr mit dem Fingernagel einritzen – dann ist er erntereif. Je nach Sorte ist das zwischen August und Oktober der Fall. Verarbeitung zu Suppe, Ofengemüse, Gratin, Pizza, Kuchen und sogar Marmelade. Keinesfalls bittere Kürbisse verzehren!

MÖHRE

Daucus carota subsp. sativus

Möhren bzw. Karotten sind bei den meisten Kindern beliebt: frisch als knackige Snack-Möhre oder gedünstet als feines Gemüse zusammen mit Erbsen. Ist die Erde im Beet nicht zu schwer, ist der Anbau nicht schwierig. Wir empfehlen Früh- und Snack-Sorten.

STANDORT

Möhren lieben einen warmen und sonnigen Standort, der jedoch nie ganz austrocknen sollte. Ein humoses, lockeres, leichtes, etwas sandiges Substrat ist ideal. Eine Anbaupause von 3 Jahren einhalten, bevor wieder Möhren an denselben Platz gesät werden.

ANBAU

Aussaat von März bis Mitte Juli in Reihen direkt aufs Beet, 1–2 cm tief, Reihenabstand mindestens 20 cm; Boden vorher gut lockern. Möhrensamen vor der Aussaat 24 Stunden in Wasser quellen lassen, dann keimen sie etwas schneller. Radieschen als Markiersaat verwenden, da Möhren oft nur sehr langsam (3–4 Wochen) keimen; zu dicht stehende Pflänzchen ausdünnen. Für eine möglichst gleichmäßige Saat empfehlen wir Saatbänder – die außerdem den Kindern auch viel Spaß machen. Nicht frisch organisch düngen!

ERNTE

Von Juni bis Oktober laufend ernten, sobald die Möhren groß genug sind. Lagersorten nicht vor Ende Oktober/ Anfang November.

Sorten für's Hochbeet:

♥ *'Pariser Markt':* runde kleine Rübe, süß; Frühsorte

♥ *'Ochsenherz':* kegelförmige kurze Rübe; süß, aromatisch; Sommersorte

♥ *'Duwicker':* kegelförmige kurze Rübe; süß, aromatisch; Sommersorte

♥ *'Maruschka':* längliche cremeweiße Möhre; fein-aromatisch; Lagersorte

KOHLRABI

Brassica oleracea var. gongylodes

Knackiger Kohlrabi direkt vom Beet genascht – das macht Kindern Spaß! Außerdem lässt sich die gesunde Knolle auch ganz leicht zu bei Kindern beliebten Gemüsegerichten wie Kohlrabi-„Pommes" oder panierten Kohlrabi-„Schnitzeln" verarbeiten.

Sorten für's Hochbeet:

♥ *'Azur Star'*: violettblaue Knolle, schossfest, schnell wachsend; frühe Ernte

♥ *'Delikateß Weißer'*: hellgrüne Knolle, raschwüchsig; für Sommeranbau

♥ *'Superschmelz'*: hellgrüne Knolle, riesengroß und dennoch sehr zart; für Herbsternte

STANDORT

Kohlrabi wächst gut an einem sonnigen Standort, in einem humosen, nährstoffreichen, nicht zu trockenen Substrat, das zudem nie ganz austrocknen sollte. Eine Anbaupause von mindestens 3 Jahren ist zu empfehlen, bevor wieder Kohlrabi auf dasselbe Beet kommt.

ANBAU

Ab Februar kann bereits am warmen Fensterbrett ausgesät und vorgezogen werden. Die Pflänzchen später in Töpfe pikieren, ab April ins Freie auspflanzen, nicht zu tief setzen. Stattdessen können Sie auch ab Anfang April gekaufte Jungpflanzen setzen (Pflanzabstand etwa 25 cm) oder von April bis Mitte Juni direkt ins Beet säen. Für gleichmäßige Bodenfeuchtigkeit sorgen und mulchen.

ERNTE

Von Juli bis Oktober können die Knollen geerntet werden. Nicht zu groß werden lassen, sie werden sonst holzig. Eine Ausnahme ist die Sorte 'Superschmelz', die riesengroß wird und dennoch zart bleibt. Junge Blätter können ebenfalls verwendet werden.

ZUCKERSCHOTE

Pisum sativum var. saccharatum

Sie schmecken sowohl kurz angedünstet als auch mal roh vom
Beet schnabuliert: Kinder lieben
Zuckerschoten bzw. Zuckererbsen
– die flachen, süßen Erbsen, die
nicht ausgepult werden müssen,
sondern mitsamt der Schote verzehrt werden können.

STANDORT

Die niedrig bleibenden Schmetter-
lingsblütler bevorzugen sonnige,
luftige Plätze und ein humoses,
durchlässiges, lockeres Substrat. Als
Schwachzehrer brauchen sie nicht
eigens gedüngt zu werden. Anbaupause von 4 Jahren einhalten, bevor
wieder Zuckerschoten aufs gleiche
Beet kommen.

ANBAU

Samen gegen Ende April bei etwa
5–8 °C Bodentemperatur direkt etwa
3 cm tief ins Beet säen. Nicht zu spät
aussäen, da die Pflanzen nur an kühlen und kurzen Tagen Blätter bilden.
Boden vorab lockern und einige
Handvoll Hornspäne untermischen.
Rankhilfen, zum Beispiel Reisig, Gitter oder Ähnliches, gleich neben den
Aussaatreihen in den Boden stecken.
Bis zur Keimung gleichmäßig feucht
halten; Aussaaten mit Netzen vor
Vögeln schützen. Keine frische organische Düngung!

ERNTE

Etwa ab Mai/Juni, sobald die Hülsen
zart, frischgrün, durchscheinend und
die Erbsen im Inneren noch klein sind,
dürfen Zuckererbsen mitsamt den
Schoten geerntet werden. Die Hülsen
können roh, gedünstet oder gekocht
gegessen werden. Die Erbsen schmecken sehr süß, da sie mehr Zucker
und weniger Stärke als andere Erbsen-
arten ausbilden.

Sorten für's Hochbeet:

♥ *'Früher Heinrich'*:
besonders früh reifend; süß
und zart

♥ *'Norli'*: niedrige Frühsorte; sehr zart, fadenlos

♥ *'Ambrosia'*: mittelfrüh,
niedrig; süß und ertragreich

RADIESCHEN

Raphanus sativus var. sativus

Radieschen sind anspruchslos, wachsen schnell, sehen schön aus, schmecken frisch und knackig und lassen sich einfach mal direkt vom Beet naschen. Solange sie nicht zu scharf sind, sind sie ein ideales Gemüse für Kinder.

Sorten für's Hochbeet:

♥ *'Sora'*: fest, karminrot, bleibt lange fest und zart; Frühjahr- und Herbstsorte

♥ *'French Breakfast'*: länglich, rot-weiß; Frühjahr- und Herbstsorte

♥ *'Rudi'*: klassisches rotes, rundes Radieschen; Sommersorte

♥ *Farbmischung mit weißen, violetten und gelben Radieschen*: eine Mischung der Sorten 'Albena', 'Viola' und 'Zlata'; mild und zart, relativ schoss- und platzfest

STANDORT

Das Gemüse mit den kleinen roten Knollen mag einen sonnigen Standort und ein humoses, leichtes, sandiges, lockeres Substrat. Eine Anbaupause von 3–4 Jahre einhalten, bevor Radieschen wieder am gleichen Platz angebaut werden.

ANBAU

Von März bis Mitte September in Reihen direkt ins Beet säen, Reihenabstand 15–25 cm, maximal 1 cm tief. Nach dem Keimen zu dicht stehende Pflanzen auf 5–10 cm vereinzeln. Empfehlenswert für eine gleichmäßige Saat: Saatbänder! Für gleichmäßige Bodenfeuchte sorgen, sonst platzen die Knollen, werden holzig oder sehr scharf. Zwischen den Pflanzen mulchen – das hilft auch gegen Erdflöhe, die kleine Löcher in die Blätter fressen. Nicht frisch organisch düngen! Sie brauchen keine extra Düngung, da Radieschen Schwachzehrer sind.

ERNTE

Von April bis Oktober kann geerntet werden. Unter einer Beetabdeckung beginnt die Ernte im Frühjahr 6 Wochen nach der Aussaat, im Sommer bereits 4 Wochen nach der Saat. Mit der Ernte besser nicht zu lange warten, da Radieschen sonst oft sehr scharf werden.

WINTER-PORTULAK (POSTELEIN)

Claytonia perfoliata

Diese kleine einjährige Salatpflanze, die Sie den ganzen Winter über mit einem unerwarteten Frischekick versorgt, können wir nur wärmstens empfehlen. Einfach anzubauen und hübsch anzusehen. Der „Drachenschwanz-Salat" ist bei unseren Nachbarskindern der Renner!

STANDORT

Idealer Standort ist ein halbschattiges bis leicht schattiges und geschütztes Plätzchen ohne allzu viel direkte Sonneneinstrahlung. Der genügsame Schwachzehrer braucht ein humoses, durchlässiges, lockeres Substrat.

ANBAU

Aussaat Ende September bis März (keimt erst bei Bodentemperaturen unter 12 °C) in Reihen (Reihenabstand etwa 10–15 cm), etwa 0,5–1 cm tief. Ein Hochbeet mit Abdeckung ist ideal, dort vermehrt sich die Pflanze häufig anschließend durch Selbstaussaat munter weiter. Keimung nach 2–3 Wochen; Winterportulak wächst bei Temperaturen zwischen 5 und 8 °C. Ist es wärmer oder fallen die Temperaturen unter den Gefrierpunkt, legt er eine Wachstumspause ein und wächst später wieder weiter.

ERNTE

Je nach Temperatur und Witterung können Sie den ganzen Winter hindurch ernten, sobald die Blattstiele ungefähr 10 cm lang sind. Das Pflanzenherz stehen lassen, dann ist eine weitere Ernte möglich. Die fleischigen Blätter sind fest, knackig, dick und saftig und ideal für Salate oder Smoothies.

> **• WICHTIG •**
>
> Nicht verwechseln mit (Sommer-)Portulak (*Portulaca oleracea*), einer kleinen sukkulenten Salatpflanze, die im Sommer gesät und geerntet wird, oder mit dem Portulakröschen (*Portulaca grandiflora*), einer bunt blühenden, sukkulenten Zierpflanze für trockene, warme Standorte.

RATTENSCHWANZ-RADIESCHEN

Raphanus sativus var. Mougri

STANDORT Das kuriose, einfach anzubau-
ende Gemüse, das aufgrund seiner Samenform die
meisten Kinder begeistert, braucht einen sonnigen
Standort und ein humoses, leichtes, gleichmäßig
feuchtes Substrat. Anbaupause 3–4 Jahre einhalten.

ANBAU Aussaat von März bis August direkt
ins Beet, etwa 1 cm tief. Die Pflanzen werden
80–100 cm hoch, daher sind meist wenige Exemplare
ausreichend. Gleichmäßig feucht halten; vor der
Blütenbildung mit eine Gabe Flüssigdünger versorgen
oder eine Handvoll Kompost pro Pflanze leicht
einarbeiten.

ERNTE Von Juni bis Oktober werden – anders
als beim bekannten Radieschen – statt der Wurzel
die noch unreifen, länglichen, grünen Samenkapseln
geerntet. Nicht zu spät ernten, sonst können sie
holzig werden. Die Samenkapseln sind saftig und
knackig und schmecken roh wie milde Radieschen
und leicht angedünstet nach Erbsen.

PFLÜCK-SALAT

Lactuca sativa var. crispa

STANDORT Für Pflück-Salat, zu dem auch
der Eichblatt-Salat zählt, sind ein sonniger Standort
und ein humoses, durchlässiges, nicht zu trockenes
Substrat wichtig.

ANBAU Ab Ende Februar am warmen Fensterbrett vorziehen oder von März bis Ende Juli direkt
aufs Hochbeet säen, nach dem Aufgehen vereinzeln. Oder von April bis Anfang August vorgezogene
Jungpflanzen setzen. Eine günstige Keimtemperatur
liegt bei etwa 15 °C. Abstand zwischen den einzelnen
Pflanzen: 20–25 cm. Schwachzehrer, daher ein nur
geringer Nährstoffbedarf. Gerne mulchen.

ERNTE Mit der Ernte muss man nicht warten,
bis der Salat Köpfe bildet, sondern man kann von
Mai bis September laufend Blatt für Blatt abpflücken.
Das Pflanzenherz nicht verletzen, wenn neue Blätter
nachwachsen sollen. Rotblättrige Sorten färben sich
bei großen Temperaturunterschieden zwischen Tag
und Nacht stärker aus.

IGELGURKE (KIWANO)

Cucumis metuliferus

STANDORT Kiwano lieben es sonnig und geschützt. Ideal ist ein Hochbeet mit Abdeckung vor einer warmen Hauswand, mit humosem, lockerem, leicht erwärmbarem, nährstoffreichem Substrat.

ANBAU Aussaat ab Mitte April am Fensterbrett oder im Gewächshaus bei etwa 20 °C in Töpfe. Ab Ende Mai ins Beet pflanzen, in weniger mildem Klima mit Überdachung. Zuvor ca. 3 l/m² Kompost einarbeiten; Pflanzabstand 120 × 30 cm. Jungpflanzen an Rankhilfen hochleiten oder am Boden wachsen lassen. Ab Blütenbildung alle 14 Tage mit Volldünger versorgen, gleichmäßig feucht halten, vor Schnecken schützen.

ERNTE Ernte der 10–15 cm großen Früchte von Juli bis September, wenn sie von Grün auf Gelb umfärben. Bei Zimmertemperatur nachreifen lassen, bis sie gelborange sind und die harte Schale weicher geworden ist. Kühl und trocken (nicht im Kühlschrank) lagern; Inneres wie Kiwi auslöffeln.

MEXIKANISCHE MINIGURKE

Melothria scabra

STANDORT Die Heimat der Minigurke ist Mexiko – daher sollte ihr Standort sonnig bis halbschattig, warm und geschützt sein, das Substrat nährstoffreich und verhältnismäßig trocken – nicht zu viel gießen!

ANBAU Aussaat ab Ende Februar bis Mitte März am warmen Fensterbrett bei etwa 20 °C, 1 cm tief. Nach etwa 4 Wochen in Töpfe pikieren, weiterhin warm stellen, ab Ende Mai aufs Hochbeet setzen, Pflanzabstand 30 cm. Die kletternden Pflanzen an Rankhilfen nach oben leiten oder herabhängen lassen. Je mehr sich die Triebe verzweigen, desto mehr Früchte. Wurzelknollen lassen sich, wie Dahlien, leicht feucht und frostfrei überwintern.

ERNTE Von Juli bis Oktober kann geerntet werden. Die weintraubengroßen Gürkchen sind frisch, knackig, leicht säuerlich und saftig. Sie können roh als Snack oder im Salat gegessen oder wie Gurken eingelegt werden.

GUMMI-BÄRCHENBLUME

Cephalophora aromatica

STANDORT Die einjährige Gummibärchen-blume benötigt lockeres, mageres Substrat ohne Staunässe und einen vollsonnigen Standort. In ihrer Heimat Südamerika wird sie als Heil- und Färbe-pflanze verwendet.

ANBAU Aussaat ab Mitte April am Fensterbrett oder im warmen Frühbeet, ab Mitte Mai auspflanzen. Oder ab Ende April direkt ins Beet säen oder zuge-kaufte Pflanzen ab Ende Mai auspflanzen. Wuchs-höhe: 30–40 cm. Bei zusagenden Bedingungen säen sich die Pflanzen oft auch selbst aus.

ERNTE Die Pflanze blüht von Juni bis Oktober – die kleinen gelben, unscheinbaren Einzelblüten liefern in ihrer Vielzahl einen duftenden Dauerflor bis zum Frost. Die Pflanze ist nur zum Schnuppern, nicht zum Essen geeignet! Die Blüten duften beim Zerrei-ben stark aromatisch nach Gummibärchen. Ein tolles Riech-Erlebnis für Kinder und andere Duftgenießer!

SCHOKOLADEN-BLUME

Cosmos atrosanguineus

STANDORT Die mehrjährige Schokoladen-blume liebt einen sonnigen bis halbschattigen Stand-ort und ein durchlässiges, lockeres, keinesfalls zu feuchtes Substrat.

ANBAU Ab Mitte April am Fensterbrett oder im warmen Frühbeet aussäen, ab Mitte Mai aus-pflanzen. Alternativ ab Ende April direkt ins Freie säen oder gekaufte Pflanzen oder überwinterte Wurzel-knollen ab Ende April ins Freie setzen. Vor Schnecken schützen. Nur mäßig gießen. Die locker verzweigten Pflanzen werden 40–60 cm hoch. Überwinterung: Im Herbst Knollen aus der Erde nehmen und wie Dahlien kühl (2–8 °C) und trocken lagern.

ERNTE Die Pflanze blüht samtig dunkelrot von Juli bis zum ersten Frost. Reibt man vorsichtig über die Mitte der Blütenköpfchen, steigt einem verführe-risches Zartbitteraroma in die Nase. Die Blüten sind zum Schnuppern, nicht zum Essen geeignet!

SCHOKOLADEN-MINZE

Mentha × piperita 'Chocolate'

STANDORT Die mehrjährige Pflanze wächst (wie auch andere Minzarten) gut an sonnigen bis halbschattigen Standorten mit einem humosen, etwas nährstoffreichen, ausreichend feuchten Substrat. Sie wird etwa 20–30 cm hoch und breit.

ANBAU Am besten Jungpflanzen kaufen und im Abstand von 20 cm setzen oder im Frühjahr durch Teilung großer Einzelpflanzen vermehren. Genügsam, solange das Substrat nie völlig austrocknet. Bodenebener Rückschnitt im Frühjahr und regelmäßige Ernte ganzer Triebe halten die Pflanze kompakt. In sehr kalten Wintern kann ein Winterschutz mit Reisig empfehlenswert sein.

ERNTE Für Tee oder „Garten-After-Eight" (Blätter in flüssige Schokolade tauchen, auf Backpapier trocknen lassen) fortlaufend frische Blätter und Triebspitzen bis kurz vor der Blüte (Juni bis August) ernten, als essbare Deko auch die Blüten verwenden.

ZITRONEN-MELISSE

Melissa officinalis

STANDORT Gut wächst die mehrjährige Zitronen-Melisse an warmen, sonnigen bis halbschattigen Plätzen. Sie braucht ein lockeres, tiefgründiges, humoses, nährstoffreiches, nicht zu trockenes Substrat. Hochbeete kommen ihr gerade recht – ihre Wurzeln können bis 30 cm tief reichen!

ANBAU Ab Februar/März am Fensterbrett aussäen und ab Mai auspflanzen oder Jungpflanzen kaufen (Pflanzabstand 30 cm) oder große Pflanzen teilen. Bodenebener Rückschnitt im Frühjahr und die regelmäßige Ernte ganzer Triebe fördern Wachstum und Pflanzengesundheit.

ERNTE Zum Trocknen (für Tee) und zum Aromatisieren kalter Getränke, von Desserts und Salaten fortlaufend vor der Blüte (Juni bis August) frische Blätter und Triebspitzen ernten. Blüten sind ebenfalls essbar.

STEVIA (SÜßKRAUT)

Stevia rebaudiana

STANDORT Das Kraut liebt einen warmen, geschützten, sonnigen bis halbschattigen Standort und ein lehmig-sandiges, nicht zu nährstoffreiches Substrat, das dennoch gut Wasser speichert und nie völlig austrocknet. Ist bei uns im Freien nicht winterfest.

ANBAU Vorkultur ab März bei etwa 22 °C, Samen nur leicht mit Erde bedecken (Lichtkeimer). Jungpflanzen einzeln in Töpfe und Mitte Mai ins Beet setzen oder gekaufte Topfpflanzen auspflanzen. Nach dem Anwachsen mit einer Gabe Hornspäne düngen. Regelmäßig schneiden, damit die Pflanze buschig und kompakt wächst. Gleichmäßig feucht halten. Kann im Haus hell bei ungefähr 15 °C überwintert werden.

ERNTE Etwa 12 Wochen nach der Aussaat nach Bedarf Blätter und Triebspitzen vor der Blüte ernten. Frisch in ein Glas Tee geben oder Blätter als süße Deko verwenden – in Maßen, nicht in Massen!

GARTEN-KRESSE

Lepidium sativum

STANDORT Die anspruchslose, einjährige Garten-Kresse ist ideal für Gartenneulinge, Ungeduldige und Kinder! Sie wächst fast überall, am liebsten sind ihr sonnige bis halbschattige Plätze und ein humoses, lockeres, gleichmäßig feuchtes Substrat.

ANBAU Aussaat direkt ins Hochbeet von Mitte Mai bis September, Samen in Reihen ausstreuen, leicht andrücken, nicht mit Erde bedecken und gut wässern. Keimtemperatur ab 15 °C. Weitere Saaten etwa alle 2 Wochen möglich; nach 2–3 Jahren den Standort wechseln. Anbau auch auf der Fensterbank (zum Beispiel im Winter) oder in Saatschalen auf feuchtem Vliespapier möglich.

ERNTE Bereits 10–14 Tage nach der Aussaat kann von Mai bis Oktober vor der Blüte geerntet werden. Einfach etwa 1 cm über der Substratoberfläche mit einer Schere abschneiden. Möglichst frisch verwenden, da die Blättchen schnell welken.

LAKRITZ-TAGETES

Tagetes filifolia

STANDORT Lakritz-Tagetes mag sonnige bis halbschattige Plätze und ein durchlässiges, lockeres, humoses Substrat. Die Pflanze wird 20–30 cm hoch und breit. Sie ist bei uns nicht winterhart, kann aber frostfrei (im Topf) überwintert werden.

ANBAU Ab Februar am Fensterbrett vorziehen. Samen nur ganz leicht mit Erde bedecken, gleichmäßig boden- und luftfeucht halten. Samen keimen bei Temperaturen über 20 °C. Sämlinge später in kleine Töpfe setzen und ab Mitte/Ende Mai auspflanzen. Alternativ ab Ende April direkt ins Beet säen oder gekaufte Pflanzen ab Ende Mai ins Beet setzen. Im Jugendstadium vor Schnecken schützen.

ERNTE Laufend bis zur Blüte im Oktober Triebspitzen und Blättchen ernten: für Süßspeisen, Salate, Lakritz-Essig und Tees – oder zum puren Naschen. Frisch zu den Speisen geben, nicht mitkochen (verliert sonst ihr Aroma).

GEWÜRZ-TAGETES 'ORANGE GEM'

Tagetes tenuifolia 'Orange Gem'

STANDORT Orangen-Tagetes liebt einen sonnigen bis halbschattigen Standort. Vermeiden Sie Staunässe. Ideal ist ein durchlässiges, lockeres, humoses Substrat. Die einjährige Pflanze wächst buschig und kompakt und wird etwa 20 cm hoch.

ANBAU Ab Februar am Fensterbrett vorziehen: flach (etwa 0,5–1 cm) aussäen, Samen nur leicht andrücken, nicht mit Erde bedecken, angießen, aber nicht zu feucht halten. Ideale Keimtemperatur: ab 20 °C. Sämlinge später in kleine Töpfe setzen und ab Mitte/Ende Mai auspflanzen oder ab Ende April direkt ins Beet säen. Man kann auch gekaufte Jungpflanzen ab Ende Mai ins Hochbeet setzen. Im Jugendstadium vor Schnecken schützen.

ERNTE Von Juni bis Oktober laufend Blättchen und Blüten ernten. Sie eignen sich als köstliches Gewürz an Salaten, Süßspeisen, Fruchtpunsch und heißen Dessertsoßen. Nicht mitkochen!

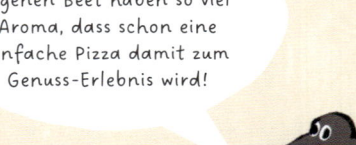

Buntes Gemüse und würzige Kräuter direkt vom eigenen Beet haben so viel Aroma, dass schon eine einfache Pizza damit zum Genuss-Erlebnis wird!

PIZZA-BEET

Welches Kind mag keine Pizza? Und die ist gar nicht so ungesund, wenn der Pizzabelag zum Großteil vom eigenen Hochbeet kommt. Gemüse und Kräuter, denen man beim Wachsen zugesehen und die man selbst gegossen, gehegt und gepflegt hat, schmecken nachher umso besser.

WAS PASST AUFS PIZZA-BEET?

Auf ein Pizza-Beet gehören Tomaten! Außerdem Paprika, Kräuter, Zucchini, Rucola, Lauch, Knoblauch und Zwiebeln. Tomate, Paprika, Lauch und Zucchini brauchen viele Nährstoffe – für sie eignet sich ein neu angelegtes Beet, sonst muss nachgedüngt werden. Anspruchsloser Rucola ist ideal als Lückenfüller auf freien Beetplätzen, ebenso Zwiebeln, Knoblauch, Basilikum und Petersilie. Thymian

Schon gewusst?
Grüner Paprika färbt
sich meist je nach
Sorte noch rot, gelb
oder orangefarben.

und Oregano kommen an den Beet-rand, wo sie nach dem Abernten der anderen Kulturen bleiben können.

WANN ANLEGEN?

Lauch-Jungpflanzen ab Mitte April setzen. Soll er gesät werden: Früh-sorten im März, Spätsorten von Mai bis Juni säen. Tomate, Paprika und Zucchini ab Februar am Fenster-brett vorziehen oder als Jungpflan-zen nach den Eisheiligen setzen. Von März bis September laufend Rucola auf freie Plätze säen. Basilikum frü-hestens Ende Mai säen oder pflanzen. Im Februar/März und im September/Oktober wird Knoblauch gesteckt, im April/Mai Etagen- oder Luft-Zwiebeln. Mehrjährige Kräuter am besten als Jungpflanzen ab April/Mai pflanzen.

DER TOMATEN-TRICK

Trick für eine zuverlässige Bestäubung der Tomatenpflan-zen: Pflanzen am Stängel im Blütenbereich leicht schütteln, am besten vormittags. Die Bedingungen für eine Bestäu-bung sind dann optimal und die sachte Bewegung ahmt ein bestäubendes Insekt nach.

GEMÜSE UND CO.	GESCHMACK	BESONDERES
Flaschentomate/Stabtomate 'San Marzano'	süß-fruchtig	krankheitstolerant, äußerst robust, hervorragend für Freilandanbau
Cocktailtomate/Stabtomate 'Primabella'	aromatisch, süßsäuerlich	robust, für Freilandanbau, samenfest
Buschtomate/Zwergtomate 'Primabell'	kleine, süße Früchte	kompakt, niedrig, robust, muss nicht ausgegeizt werden, reichtragend
Spitz-Paprika 'Roter Augsburger'	rot, aromatisch süß	robust, für Freilandanbau, samenfest
Block-Paprika 'Sweet Chocolate'	dickfleischige, schokoladenbraune Früchte	für Freilandanbau, samenfest
Zucchini 'Cocozelle von Tripolis'	längliche Früchte, dunkelgrün mit hellgrünen Streifen	anspruchslos, samenfest
Zucchini 'Floridor'	gelb, rund	buschiger Wuchs (nicht rankend), ertragreich, nicht samenfest
Lauch 'Bavaria'	kräftige Lauchstangen	rasch wachsend, Sommersorte
Knoblauch 'Germidour'	feinwürzig, mild	krankheitsresistent, frühreifend, gute Haltbarkeit
Etagen-Zwiebel	kleine, rötliche Zwiebeln, mild, würzig	Zwiebelchen wachsen oben an den Trieben
Rucola	aromatisch würzig	kann mehrmals geerntet werden
Basilikum 'Genoveser'	großblättrig, intensives Aroma	liefert ständig junge Triebe und Blätter

Wer seiner Pizza gerne einen Hauch Schärfe verleihen möchte, kann noch „süße" Chili-Sorten wie 'Chocolate Pepper Dwarf Chili' oder 'Naschzipfel Violett Chili' aufs Beet setzen.

PFLANZEN & GESTALTEN

POMMES-BEET IM KARTOFFELTURM

Einerseits ist das Ausbuddeln von Kartoffeln im Hochbeet nicht ganz leicht – schon gar nicht für kleine Kinder! Andererseits ist die Kultur recht unproblematisch und es gibt so viele bunte Kartoffelsorten, dass ihr Anbau besonders viel Spaß macht. Wir empfehlen den „Kartoffelturm".

• WICHTIG •

Wer Lagerkartoffeln anbaut, darf etwas länger mit der Ernte warten. Noch etwa 2 Wochen nach Absterben des Krautes wachsen die Kartoffeln weiter. Vorsicht: Keine grünen Kartoffeln verzehren; grüne Stellen großzügig wegschneiden!

WANN ANLEGEN?

Wie das traditionelle Hochbeet passt auch der Kartoffelturm perfekt in einen kleinen Garten und ist leicht zu pflegen. Wie man ihn ganz einfach aus Estrichmatten und Schilfmatten anlegt, erfahren Sie auf Seite 24.

Man erzielt auf wenig Fläche reiche Ernten. Da die Kartoffeln im Turm oberirdisch in der Erde liegen, laufen sie Gefahr, noch von einem Spätfrost erwischt zu werden. Daher Kartoffeln erst Anfang/Mitte Mai in den Turm legen. Danach kann man sie beim Austreiben und Wachsen bis zur Ernte beobachten. Die fällt meistens gut aus: Pro Pflanzkartoffel ernten Sie im Schnitt über 20 Kartoffeln aus dem Turm.

Kartoffeln haben viel mehr zu bieten als nur oval und gelbfleischig – der absolute „Renner" sind natürlich violette Pommes!

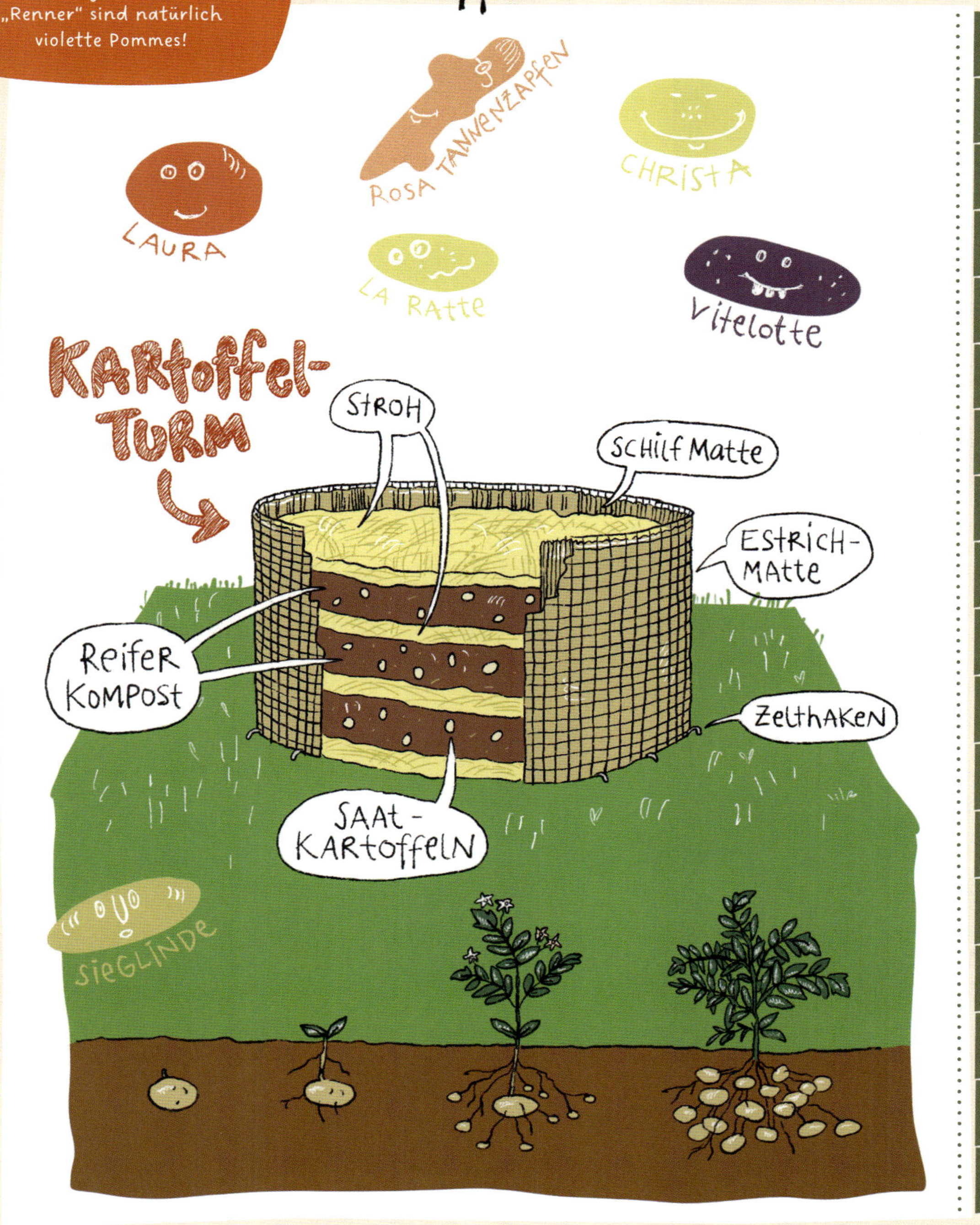

ROSA TANNENZAPFEN

CHRISTA

LAURA

LA RATTE

Vitelotte

KARTOFFEL-TURM

STROH

SCHILF Matte

ESTRICH-MATTE

Reifer KOMPOST

ZeltHAKEN

SAAT-KARTOFFELN

SIEGLINDE

Es grenzt an ein Wunder: Im Frühjahr hat man eine einzelne Kartoffel in die Erde gelegt, bis zur Ernte hat sie sich zahlreich vermehrt!

WIE WIRD GEERNTET?

Die Ernte dauert je nach Sorte vom Spätsommer bis zum Herbst. Sobald das Kraut trocken ist, entweder das Substrat Schicht für Schicht mit einer Schaufel oder den Händen abtragen. So ernten Sie immer nur so viele Kartoffeln, wie Sie brauchen. Spektakulärer und bei Kindern besonders beliebt ist jedoch das Öffnen des Gitters, welches den Turm zusammenhält. Dieser bricht in sich zusammen, die Kartoffeln kullern heraus – zur Freude aller beteiligten Kinder!

SORTE	AUSSEHEN, GESCHMACK UND VERWENDUNG	ERNTEZEIT
'Christa'	rund, mittelgroß, gelbe Schale und gelbes Fruchtfleisch, fein aromatisch, vorwiegend festkochend	Juli/August
'Sieglinde'	langoval bis lang, gelbe Schale und gelbes Fruchtfleisch, fein würzig im Geschmack, festkochend, gut als Salat-, Salz-, Pell- und Bratkartoffel	Juli/August
'La Ratte'	länglich, gelbe Schale, nussig, speckig, festkochend, gut als Pell-, Salat-, Brat- und Gratinkartoffel	Juli/August
'Bamberger Hörnchen'	länglich, gelbe bis rosa Schale, gelbes Fruchtfleisch, kräftig und etwas nussig im Geschmack, festkochend, gut als Salat- und Pellkartoffel	August/September
'Blauer Schwede'	rund bis oval, mittelgroß bis groß, dunkelviolette Schale, blaues Fruchtfleisch mit Marmorierungen, nussig im Geschmack, mehligkochend	August/September
'Linda'	oval, gelbe Schale und gelbes Fruchtfleisch, groß, festkochend bis vorwiegend festkochend	August/September
'Reichskanzler'	rundoval, rote Schale, hellgelbes Fleisch, mehligkochend, gut als Püree- oder Backkartoffel	September
'Vitelotte'	langoval, schwarzviolette Schale, violett marmoriertes Fruchtfleisch, nussig, würzig, festkochend, gut als Salat- und Pellkartoffel	September
'Laura'	rund bis oval, rote Schale, gelbes Fleisch, groß, vorwiegend festkochend	September/Oktober
'Rosa Tannenzapfen'	länglich mit Verwachsungen, rosa Schale, gelbes Fleisch, würzig im Geschmack, festkochend, gut als Salat-, Pell- und Salzkartoffel	September/Oktober

ERDBEERBEET

Kinder lieben Erdbeeren! Sie sind rot, schmecken fruchtig süß – von Vitaminen und anderen gesunden Inhaltsstoffen gar nicht zu reden. Essgenuss ohne Reue! Ein Hochbeet bietet sich als Standort für Erdbeeren an. Der Vorteil für Kinder: Auf Augenhöhe haben sie den Reifungsprozess stets im Blick.

WANN ANLEGEN?

Einmal tragende Erdbeeren werden im Juli/August gepflanzt; mehrmals tragende Sorten im April/Mai oder im Spätsommer; Monats-Erdbeeren im Mai. Als Mittelzehrer eignen sie sich für ein Hochbeet im 3. bis 4. Jahr nach seiner Anlage. Dann ist bereits ein Teil der Nährstoffe aus dem Inneren des Beetes aufgebraucht – was noch übrig ist, ist für die Erdbeerkultur gerade richtig! In späteren Jahren muss der Nährstoffbedarf der Pflanzen durch Düngung sichergestellt werden: Verwenden Sie dazu am besten einen Beerendünger aus dem Fachhandel.

Endlich sind die Erdbeeren reif! Was von der Blüte bis hin zur süßen, roten Frucht aufmerksam beobachtet wurde, darf nun geerntet werden.

ERDBEEREN

SPINAT

SALAT

KNOB-LAUCH

ZWIEBEL

LAUCH

FELD-SALAT

ERDBEEREN

Erdbeer-Kinderstube

MUTTER-PFLANZE

KINDEL

Zwiebeln, Knoblauch, Lauch sind ideale Beetnachbarn, die die Erdbeerpflanzen gesund halten.

> Haben die Erdbeerpflanzen reichlich Blüten angesetzt, darf man sich von Juni bis zum Herbst auf die Ernte freuen.

WAS PASST NOCH DAZU?

Gute Nachbarn sind Spinat, Feldsalat und Salat, Knoblauch, Zwiebeln und Lauch. Neben den großfrüchtigen Garten-Erdbeeren empfehlen wir die nahezu dauertragenden, robusten Monats-Erdbeeren, die kontinuierlich vom Frühsommer bis zum Herbst Früchte tragen.

ERDBEER-KINDERSTUBE

Zur Vermehrung bilden Erdbeerpflanzen Bodentriebe mit sogenannten Kindeln oder Ablegern. Da sie die Mutterpflanze viel Kraft kosten, schneidet man sie nach der Ernte ab. Aus diesen Ablegern kannst Du aber auch leicht neue Jungpflanzen machen. Suche zwischen Ende Juli und Anfang August einen kräftigen Ableger aus, der einer Mutterpflanze am nächsten ist. Unterhalb des Ablegers gräbst Du einen Tontopf in die Erde und pflanzt das Kindel mittig dort hinein. Erde feucht halten. Nach 2–3 Wochen hat es eigene Wurzeln gebildet und Du kannst den Trieb, der es mit der Mutterpflanze verbindet, kappen.

SORTE	FRÜCHTE	BESONDERES
Garten-Erdbeere 'Königin Luise'	herzförmige, weiche, süße Früchte, ausgesprochen aromatisch, Ernte Juni/Juli	über 100 Jahre alte Sorte, frühe Sorte, braucht zur Bestäubung eine andere Sorte (zum Beispiel 'Senga Sengana')
Garten-Erdbeere 'Elsanta'	große, feste Früchte, sehr aromatisch, Ernte Juli/August	frühe Sorte, ertragreich, vor Spätfrösten schützen
Garten-Erdbeere 'Thuriga'	sehr aromatisch, süß, fruchtig, große, feste Früchte, Ernte Juli/August	mittelspäte Sorte, robust, ertragreich
Garten-Erdbeere 'Tenira'	mittelgroße Früchte, festes, saftiges Fruchtfleisch, vorzüglicher Kuchenbelag, Ernte Juli/August	blüht über dem Laub, dadurch kaum Grauschimmel, mittelspäte/späte Sorte, oft noch eine zweite, kleine Spätsommerernte, ertragreich, geeignet für mehrjährige Kultur
Garten-Erdbeere 'Senga Sengana'	sehr guter Geschmack, vorzüglich für Kuchen und Desserts geeignet, Ernte Juni bis Herbst	zweimal tragend, braucht fruchtbare Böden, mittelspäte/späte Sorte, etwas krankheitsanfällig bei feuchtem Wetter
Garten-Erdbeere 'Mara des Bois'	kleine bis mittelgroße Früchte, eher weich, wenig haltbar, gut zum schnellen Verzehr, wunderbares Walderdbeeraroma, Ernte Juni bis Herbst	zweimal tragend
Garten-Erdbeere 'Hummi'	große süße Früchte, Ernte Juli bis Herbst	lange Ranken, kann daher als Klettererdbeere – Ranken müssen aufgebunden werden – oder Hängeerdbeere gezogen werden, ertragreich
Monats-Erdbeere 'Rügen'	aromatisch, Früchte größer als Wald-Erdbeeren, Ernte Juni bis September	bildet keine Ausläufer, buschiger Wuchs, reichtragend
Monats-Erdbeere 'Camara'	Früchte länglich, fest, sehr süß-aromatisch, intensiver Walderdbeerengeschmack, Ernte Juni bis September	rosafarbene Blüten, bildet Ausläufer, als Bodendecker geeignet
Wald-Erdbeere 'Alexandria'	besonders aromatische und große Früchte, Ernte Juni bis September	bildet Ausläufer, robust, reichtragend
Wald-Erdbeere 'Fructo Alba'	weißfrüchtig, raschwüchsig, Ernte Juni bis September	ungewöhnliche Fruchtfarbe, bildet Ausläufer, robust

NASCHGEMÜSE-BEET

Naschgemüse ist im Trend – und das nicht nur bei Kindern! Ob als kleine Stärkung direkt vom Beet, als Beilage zu den Mahlzeiten oder als gesunder Pausensnack für Schulkinder – so macht Gemüseessen auch Gemüse-Muffeln auf einmal richtig Spaß!

WAS PASST AUFS NASCHGEMÜSE-BEET?

Balkontomaten, Snack-Gurken und Snack-Paprika, Andenbeeren, Mexikanische Minigurken, Zuckerschoten, Radieschen und Mini-Möhren eignen sich wunderbar fürs Naschen. Tomaten und Gurken passen nach dem Prinzip der Mischkultur nicht so gut zusammen, setzen Sie also nur eine Art ins Beet – und die jeweils andere in ein Pflanzgefäß.

Wer hätte gedacht, dass Gemüse so lecker schmecken kann? So machen Ernten und Essen gleich doppelt so viel Freude!

Naschgemüse-Beet:
Hierher passt, was zügig wächst, schnell reift und sich direkt und unverarbeitet essen lässt.

SCHNELL! DA HINTEN KOMMT RUDI!

WILDTOMATE "Rote Murmel"

SNACK-PAPRIKA „PARADISO"

RADIESCHEN "RUDI"

MEXIKANISCHE MINIGURKE

MINI-MÖHRE "CARACAS"

BALKONTOMATE "BALKONSTAR"

ZUCKER-SCHOTE "AMBROSIA"

ANDENBEERE

COCKTAILTOMATE "YELLOW PEAR"

MEXIKANISCHE MINIGURKE

WANN ANLEGEN?

Tomaten, Gurken und Paprika brauchen viele Nährstoffe. Sie passen auf ein Beet im 1. Jahr gleich nach der Neuanlage; ansonsten heißt es düngen. Das andere Naschgemüse und verschiedene Salate haben einen mittleren oder niedrigen Nährstoffbedarf. Sie wachsen auf Beeten im 2. oder 3. bis 4. Jahr oder als Zwischen- oder Nachkultur. Das bedeutet, dass diese Pflanzen schnell wachsen und somit ihren Platz auf dem Beet auch nur für kurze Zeit beanspruchen – werden ihre Nachbarn größer und ausladender, räumen diese Kulturen schon wieder das Beet. Außerdem kommen sie mit wenig Nährstoffen aus – was die Starkzehrer übrig lassen, reicht ihnen.

SORTE	FRÜCHTE	BESONDERES
Wildtomate/Johannisbeer-tomate 'Rote Murmel'	zahlreiche kleine, süße Früchte	äußerst robust, hervorragend fürs Freiland, samenfest
Balkontomate 'Balkonstar'	kleine, süße Früchte	auch für weniger sonnige Standorte, standfest, bis zu 60 cm hoch, fürs Freiland, reich-tragend
Cocktailtomate 'Yellow Pear'	gelbe, birnenförmige, süß-fruchtige, 2–3 cm große Früchte	robust, fürs Freiland
Snack-Paprika 'Paradiso'	3–4 cm kleine, flachrunde, rote, süß-würzige Früchte	früh reifend, ertragreich, fürs Freiland
Snack-Gurke 'Minik F1'	knackig, aromatisch, etwa 10 cm lang, Früchte haben nur eine dünne Schale	veredelt
Andenbeere	leicht säuerlich und frisch schmeckende, orangefarbene Früchte in einer lampionartigen Hülle	anspruchslos
Mexikanische Minigurke	kleine, an Wassermelonen erin-nernde Früchte, frisch-säuerli-cher Geschmack	rankende Pflanze, hochleiten oder herabhängen lassen
Zuckerschote 'Ambrosia'	mittelgroße, hellgrüne Schoten mit intensivem süßem Aroma, können jung auch roh verzehrt werden	anspruchslos, schnellwüchsig, kurze Kulturzeit
Möhre 'Pariser Markt'	kurze, rundliche, süße Möhre, mit süßlichem Aroma, ange-nehm würziger Geschmack	anspruchslos, mittelspät, samenfest
Mini-Möhre 'Caracas'	kleine kugelig runde, süße Möhre	80 Tage nach der Aussaat erntereif

> Viele der typischen Naschgemüse-Sorten wachsen eher kompakt und werden nicht so hoch – sie eignen sich auch gut für kleine Hochbeete und ein nur begrenztes Platzangebot.

Salat taugt eigentlich nur als „Meerschweinchenfutter"? Mit einem Beet voll knackigem Grünzeug kommen auch „Salatmuffel" auf den Geschmack...

GRÜNZEUG-BEET

Blattsalat ist nicht immer etwas, das Kinder auf Anhieb mögen. Doch haben sie beim Säen, Pflanzen, Gießen und Ernten mitgeholfen, sind die Salate bunt und knackig, wachsen zügig unter den Augen der ungeduldigen kleinen Gärtnerinnen und Gärtner, rückt Salat auf der Beliebtheitsskala schnell nach oben.

WAS PASST AUFS SALAT-BEET?

Ein Salat-Hochbeet liefert von März bis Oktober frischen Salat; mit typischen Wintersalaten wie Winterportulak und Co. kann die Hochbeet-Saison sogar bis ins folgende Frühjahr verlängert werden. Zu den ersten Salaten vom Hochbeet gehört Schnitt-Salat, der bis zu dreimal geerntet werden kann. Laufend einzelne Blätter erntet man vom Pflück-Salat, ganze Büschel vom Rucola und junge, zarte

Salat für (beinahe) jede Jahreszeit – mit den passenden Sorten und dem richtigen Anbauplan ist das gar kein Problem.

HÄNDE HOCH ODER ICH SCHIEßE!

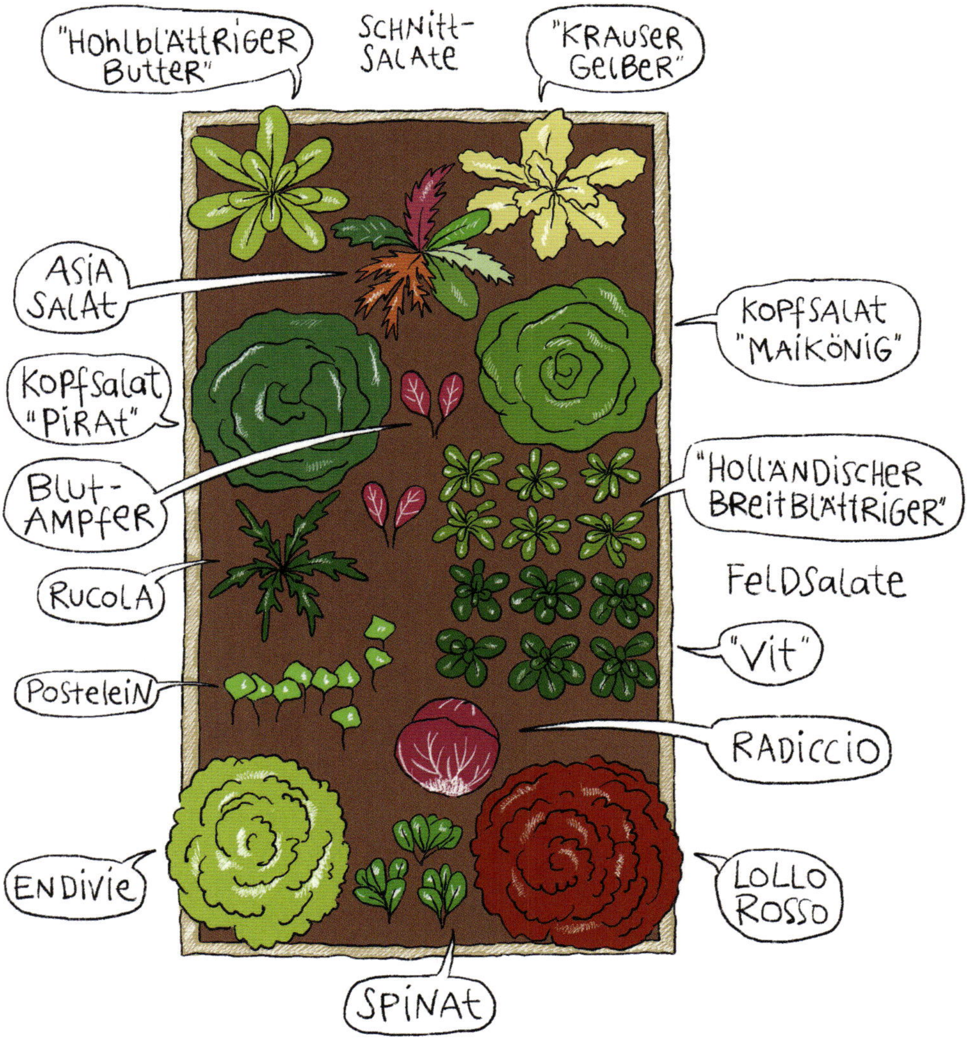

"Hohlblättriger Butter"

SCHNITT- SALATE

"KRAUSER GELBER"

ASIA SALAT

KOPFSALAT "MAIKÖNIG"

Kopfsalat "PIRAT"

"HOLLÄNDISCHER BREITBLÄTTRIGER"

BLUT- AMPFER

FELDSALATE

RUCOLA

"Vit"

POSTELEIN

RADICCIO

ENDIVIE

LOLLO ROSSO

SPINAT

75

„Ob der Salat ein bisschen schneller wächst, wenn wir vorsichtig an den Blättern ziehen?" Leider wohl nicht...

Blätter (sogenannte Baby Leafs) vom Spinat. Schließlich passt auch Kopf-Salat ins Hochbeet und Herbstsalate wie Endivien und Radicchio.

WANN ANLEGEN?

Die meisten Salate zählen in puncto Nährstoffbedarf zu den Schwach-zehrern, das heißt, ihnen reichen die Nährstoffe, die Kulturen vor ihnen übrig gelassen haben. Sie passen also auf ein Hochbeet im 3. oder 4. Jahr nach seiner Anlage. Haben Sie Ihr Hochbeet mit einem Frühbeet-Aufsatz versehen, können Sie bereits ab Feb-ruar beginnen und dort erste Blatt-salate anbauen bzw. die Salat-Saison mit spätherbstlichen Aussaaten in den Winter verlängern.

SALAT	AUSSEHEN UND GESCHMACK	BESONDERES
Schnitt-Salat 'Hohlblättriger Butter'	besonders zarte, löffelförmige Blätter	sehr früher Schnitt-Salat, kann besonders oft geerntet und die ganze Saison über angebaut werden
Schnitt-Salat 'Krauser Gelber'	gekräuselte, gelbgrüne Blätter	kann besonders oft geerntet und die ganze Saison über angebaut werden
Asia-Salat 'Red Giant' (Blattsenf)	große, grünrote, leicht gezackte Blätter, mild-scharfer Geschmack	kann mehrmals geerntet und die ganze Saison über angebaut werden
Kopf-Salat 'Maikönig'	gelbgrün mit rotem Rand	früheste Sorte fürs Freie, für Anbau im Frühjahr und Herbst
Kopf-Salat 'Pirat'	rotbraun	für Anbau im Sommer, da schossfest
Pflück-Salat 'Lollo rosso'	rotlaubiger Eichblatt-Salat	kann mehrmals geerntet und die ganze Saison über angebaut werden
Feldsalat 'Holländischer Breitblättriger'	große Pflanzen	Herbstsorte, nicht frostfest
Feldsalat 'Vit'	große Pflanzen	frosthart, Anbau ganzjährig
Rucola (Salatrauke)	würzige Blättchen	Ernte von März bis Oktober
Blut-Ampfer	Geschmack ähnlich wie Sauerampfer, aber milder; mit roten Blattadern	mehrjährige Pflanze, nicht in großen Mengen verzehren, da die enthaltene Oxalsäure sonst zu Übelkeit führen kann
Winterportulak (Postelein)	knackige, frischgrüne Blättchen	robuster Wintersalat (keimt nur bei Temperaturen unter 12 °C)
Endivie 'Großer grüner Krauser'	gekrauste Blätter, feiner Geschmack	Herbst-/Wintersorte, etwas nässeempfindlich
Radicchio 'Rosso di Chioggia'	weinrote Blätter mit weißen Rippen, feste Köpfe	robust, für Sommer- und Herbstaussaat
Spinat 'Matador'	aufrechter Wuchs	schnell wachsend, für Anbau im Frühjahr und Herbst (verträgt leichten Frost)

KUNTERBUNT-BEET

Gemüsebegeisterung kann bei Kindern oft ganz leicht mit ein paar Tricks geweckt werden, zum Beispiel mit Gemüsesorten und -arten in leuchtenden Farben. Blühen dazwischen noch ein paar bunte – essbare! – Blüten, werden nicht nur kleine Gemüseverweigerer zum Kosten und Probieren animiert.

WAS PASST AUFS KUNTERBUNT-HOCHBEET?

Bunter Mangold, rotblättriger Salat, blauschotige Erbsen und Bohnen, blauer Kohlrabi, violetter Brokkoli … sie alle bringen Farbe ins Hochbeet. Auch Zucchini müssen nicht immer grün sein! Blühende einjährige Blumen, deren Blüten man ebenfalls essen kann, ergänzen das Gemüse.

Als Rohkost behält der Blumenkohl 'Graffiti' seine violette Färbung; kocht man ihn, wird er grün oder zartrosa.

> Kreative Idee für noch mehr Farbe im Beet: Aus Steinen und Farbe entsteht ein guter „Hochbeet-Geist".

WANN ANLEGEN?

Ab März dürfen Mangold und Rote Garten-Melde aufs Beet gesät werden, ab März/April Ringelblumen und Kohlrabi. Jungpflanzen vom Brokkoli wandern ab April ins Beet. Etwa ab Ende April säen Sie Erbsen und Zuckerschoten. Zucchini-Jungpflanzen nach den Eisheiligen, also etwa Mitte/Ende Mai ins Beet setzen sowie Kapuzinerkresse und Gewürz-Tagetes säen oder pflanzen.

HOCHBEETGEIST

Du kannst mit einem Stein und wasserbasierten und wasserfesten Acrylstiften oder schadstofffreien Acrylfarben leicht einen guten Hochbeetgeist machen, der Dein Beet und Dein Gemüse beschützt. Suche einfach im Garten oder beim nächsten Spaziergang einen geeigneten Stein und male ihm ein Gesicht auf: ob nun ein grimmiges Gesicht, um Unheil von Deinem Beet fernzuhalten, oder ein freundliches, um Nützlinge anzulocken, bleibt Deiner Fantasie überlassen. Die Farbe trocknen lassen und den Stein am Hochbeetrand platzieren, fertig!

GEMÜSE UND CO.	GESCHMACK UND VERWENDUNG	BESONDERES
Stiel-Mangold 'Vulkan'	tiefrote, lange Stiele	beim Ernten die Herzblätter für eine zweite Ernte stehen lassen
Stiel-Mangold 'Pink Passion'	intensiv pinkfarbene Stiele und Blattrippen; junge Blätter als frische Zutat für Salate, ältere Blätter bleiben selbst bei später Ernte noch zart und aromatisch und lassen sich ähnlich wie Spinat zubereiten	robust, pflegeleicht
Rote Garten-Melde 'Opéra'	violettrote Blätter, Verwendung wie Spinat, sehr fein auch roh im Salat	in Maßen genießen, ist empfindlich gegenüber zu viel Nässe
Erbse 'Blauschocker'	blauviolette Schoten mit grünen Samen, später die weichen Samen ernten oder ausreifen lassen und trocknen	robust, pflegeleicht, ertragreich
Buschbohne 'Purple Teepee'	blauviolette Schoten	ertragreich
Blumenkohl 'Graffiti'	violette Köpfe, die sich beim Kochen grün färben	für Sommer- und Herbstanbau
Brokkoli 'Violett Queen'	violetter Kopf	mittelfrühe Sorte
Zucchini 'Gold Rush'	längliche, gelb-glänzende Früchte	mittelfrüh, rankenlos, buschig
Ringelblume	orangefarbene und gelbe Blüten den ganzen Sommer über, als essbare Salatdeko oder für Tee	versamt sich leicht immer wieder von selbst
Kapuzinerkresse 'Kaiserin von Indien'	leuchtend karminrote Blüten; Blüten, Knospen, grüne Samen und junge Blätter essbar	kompakt, nicht rankend

Bunt treibt es auch Rote Bete: Neben roten Sorten gibt es auch gelbe ('Golden Burpees') oder geringelte ('Tondo di Chioggia').

"Wonach das wohl riecht und schmeckt?" Auf dem Leckermäuler-Beet laden verschiedene Kräuter zum Schnuppern, Kosten und Probieren ein.

LECKERMÄULER-BEET

Süßes ist nach wie vor sehr verlockend – für kleine und große Leckermäuler! Auf dem dazu passenden Hochbeet wachsen verschiedene Kräuter, die sich für Kuchen und andere süße Verlockungen eignen. Pflanzen Sie dazu noch ein paar Erdbeeren, ist das süße Glück perfekt!

WAS PASST AUFS LECKERMÄULER-HOCHBEET?

Auf ein Hochbeet für Kuchen- und Eisliebhaber gehören auf jeden Fall Erdbeeren! Die Pflanzung verschiedener Sorten verlängert die Erntezeit. Neben Erdbeeren empfehlen wir Kräuter mit besonderen Aromen, wie Schokoladen-Minze, Zitronen-Melisse oder Ananas-Salbei. Auch Lavendel ist für erstaunliche süße Geschmackserlebnisse gut.

ERDBEER-LAVENDEL-EIS

Hast Du Lust auf selbst gemachtes Eis? Lass Dir bei der Zubereitung unbedingt von einem Erwachsenen helfen! 1–2 Teelöffel getrocknete oder 2–4 Teelöffel frische Lavendelblüten mit 200 g Zucker im Mixer zerkleinern. 500 g Erdbeeren, 100 ml Sahne mit 50 g des Lavendelzuckers im Mixer pürieren und im Eisfach kalt stellen. Nach 1–2 Stunden nochmals pürieren, wieder kalt stellen. Diese Prozedur zwei- bis dreimal wiederholen, das verhindert die Bildung von Eiskristallen. Du kannst das fertige Eis noch mit frischen Lavendelblüten dekorieren.

WANN ANLEGEN?

Garten-Erdbeeren werden von Mitte April bis August gepflanzt – dann liefern sie schon im 1. Jahr eine gute Ernte. Erdbeeren zählen zu den Mittelzehrern und passen auf ein Hochbeet im 3. bis 4. Jahr nach der Anlage. Ist das Beet älter, muss gedüngt werden.

Kräuter am besten als Jungpflanzen im Topf kaufen und ab Ende April/ Anfang Mai ins Beet setzen. Droht noch ein Spätfrost, im Notfall mit Gartenvlies schützen.

Minze ist nicht gleich Minze. Es gibt etwa 30 verschiedene Arten, zahlreiche Sorten und unterschiedliche Geschmacksrichtungen.

OBST UND CO.	GESCHMACK UND VERWENDUNG	BESONDERES
Garten-Erdbeere 'Elvira'	große, saftige Früchte, süß, sehr gut als Kuchenbelag	frühe Sorte, vor Spätfrösten schützen
Garten-Erdbeere 'Mieze Schindler'	sehr aromatische, süße, mittelgroße Früchte mit Walderbeeraroma, sehr gut als Kuchenbelag oder Marmelade	späte Sorte, geringe Bodenansprüche, braucht Bestäubersorte (zum Beispiel 'Senga Sengana')
Schokoladen-Minze 'Chocolate'	Blätter und Triebspitzen zum Aromatisieren von Desserts, Kuchen, Torten, Smoothies	mehrjährig
Ananas-Minze	aromatische Blätter, ideal für Desserts, Kuchen, Torten, Smoothies, Eis	mehrjährig, kompakter Wuchs, weniger starkwüchsig als andere Minzen
Zitronen-Melisse	zartgrüne Blätter mit intensivem Zitronenaroma, für Tees, Desserts, Eis, Obstsalate, Smoothies	mehrjährig, robust, wüchsig
Ananas-Salbei	fruchtig schmeckende Blätter, ideal für Desserts, Kuchen, Torten; Smoothies, Milchshakes, Eis	im Freien nicht winterhart, kann im Haus überwintert werden
Lemon-Aniskraut (Agastache) 'Sangria'	Blätter mit Anis-Zitronen-Aroma, für Desserts, Kuchen, Torten; Smoothies, Eis, auch die Blüten sind essbar	im Freien nicht winterhart, kann im Haus überwintert werden
Zitronen-Thymian	Blättchen mit feinem Zitronenaroma, für Kuchen, Desserts, Eis	mehrjährig, auf dem Hochbeet eventuell im Winter mit Vlies schützen
Orangen-Thymian	Blättchen mit feinem Orangenaroma, für Kuchen, Desserts, Eis	mehrjährig, auf dem Hochbeet eventuell im Winter mit Vlies schützen
Lakritz-Tagetes	zarte Blättchen und Triebspitzen mit intensivem, verblüffendem Lakritzgeschmack, für Kuchen, Desserts, Eis, Smoothies	einjährig
Lavendel	feines Lavendelaroma der Blätter für Desserts, Pannacotta, Kuchen, Muffins, Torten, Eis	mehrjährig, regelmäßig in Form schneiden

> So ein Bienen-Beet ist klasse! Vom Frühjahr bis zum Herbst finden Bienen, Hummeln, Schmetterlinge & Co. hier reichlich Nektar und Pollen.

PFLANZEN & GESTALTEN

BIENEN-BEET

Ein Hochbeet als Ort der Beobachtung – wird es in erster Linie mit blühenden Kräutern und Blumen bestückt, geben sich Schmetterlinge, Bienen und Hummeln ein Stelldichein. Damit nicht nur Insekten etwas davon haben, pflanzen wir auch Schnupperkräuter und würzig-blumig Essbares ins Bienen-Beet.

WAS PASST AUFS BIENEN-HOCHBEET?

Hier passen Pflanzen, die lange – von Frühjahr bis Herbst – blühen. Das sind mehrjährige Kräuter wie Thymian, Oregano, Lavendel sowie einjährige Blütenpflanzen wie Ringelblume, Kornblume, Kapuzinerkresse. Deren Blüten können Sie auch in verschiedenen Gerichten genießen! Schnupperkräuter wie Schokoladenblume oder Gummibärchenblume sind bei Hummeln und Co. ebenfalls beliebt.

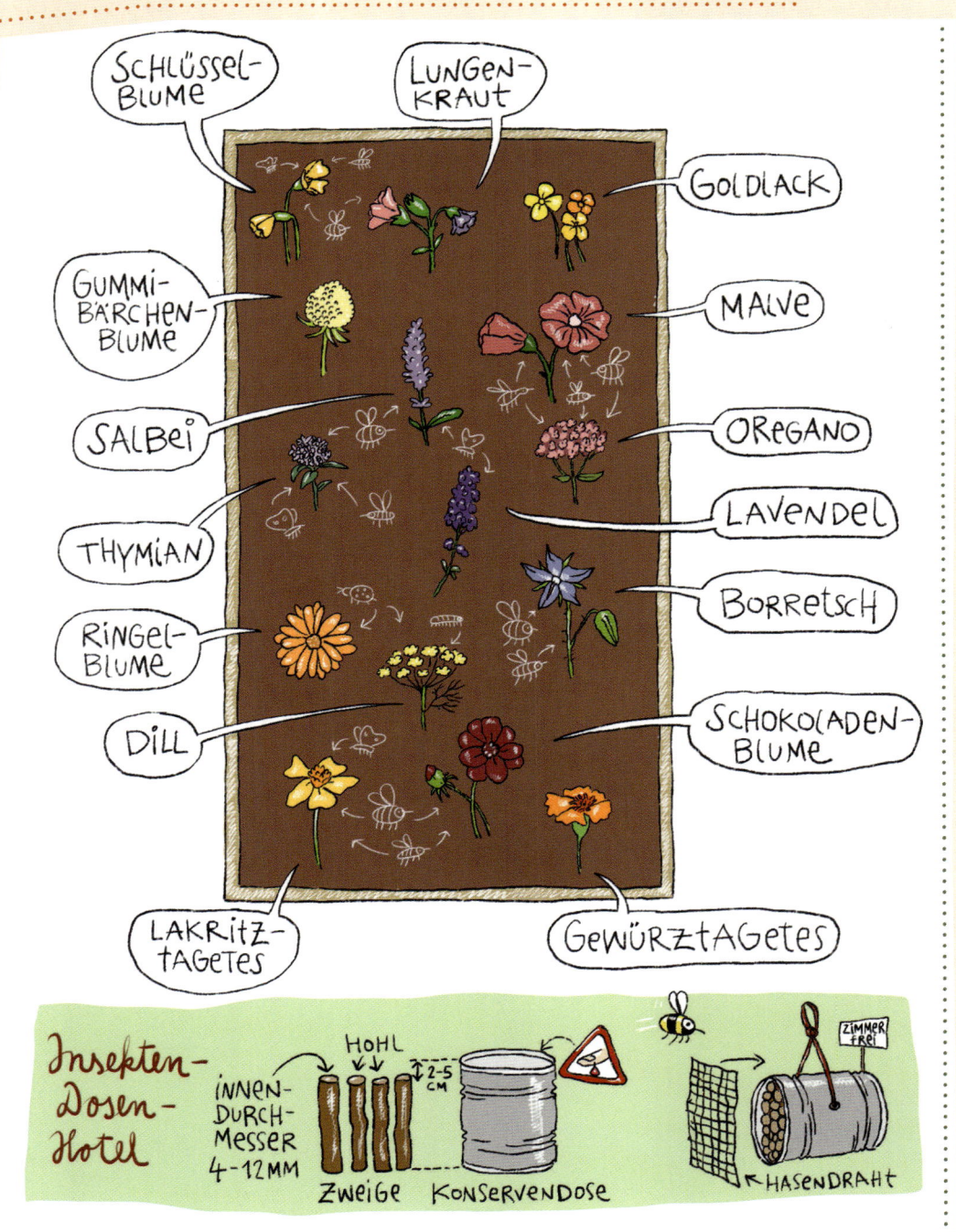

Keine Sorge: Wildbienen leben solitär, das heißt, sie müssen kein Volk verteidigen – sie sind relativ ungefährlich und friedlich!

INSEKTEN-DOSEN-HOTEL

Ein Dosen-Hotel für Wildbienen und andere Insekten ist schnell gebaut. Du benötigst Zweige von Sträuchern, die innen hohl sind und eine leere, saubere Konservendose.

1 Zweige (Innendurchmesser 4–12 mm) in Stücke schneiden, etwa 2–5 cm kürzer als die Dose.

2 Die Dose dicht mit den Zweigabschnitten befüllen. Vorsicht: Nicht an den scharfen Dosenrändern schneiden! Sonnig und wettergeschützt aufhängen.

3 Bei Bedarf ein feines Gitter („Hasendraht") als „Spechtschutz" an der Stirnseite der befüllten Dose anbringen.

WANN ANLEGEN?

Idealerweise wird ein Bienen-Hochbeet dann angelegt, wenn der Nährstoffgehalt in seinem Inneren durch einige Jahre Gemüseanbau weitgehend aufgebraucht ist – also etwa 4–5 Jahre nach seiner Anlage. Einjährige Arten im April/Mai direkt ins Beet säen, mehrjährige ab Mai auspflanzen.

BLUME UND CO.	BLÜTEZEIT UND BLÜTEN-BESUCHER	BESONDERES
Schlüsselblume	frühe Blütezeit; für Hummeln, Wildbienen, Schmetterlinge	mehrjährig, Blüten essbar
Lungenkraut	frühe Blütezeit; beliebt bei Hummeln	mehrjährig
Goldlack	frühe Blütezeit	einjährig
Malve, verschiedene Arten	Pollenlieferant für Hummeln, Bienen und Schwebfliegen	einige Arten sind mehrjährig, andere nur ein- oder zweijährig, Blüten essbar
Dill	Pollenlieferant für Marienkäfer, Raupenfutterpflanze für Schwalbenschwanz	einjährig, Blüten essbar
Salbei	für Hummeln und Schmetterlinge	mehrjährig, Blüten essbar
Thymian	vor allem für Honigbienen, Hummeln, Nachtfalter	mehrjährig, Blüten essbar
Oregano	für Honigbienen, Hummeln, Schwebfliegen	mehrjährig, Blüten essbar
Lavendel	vor allem für Schmetterlinge	mehrjährig, Blüten essbar
Borretsch	vor allem für Honigbienen und Hummeln	mehrjährig, Blüten essbar
Ringelblume	Dauerblüher, Pollenlieferant für Marienkäfer	einjährig, Blüten essbar
Gummibärchenblume	lange in den Herbst hinein blühend	einjährig
Schokoladenblume	lange in den Herbst hinein blühend; vor allem für Hummeln und Bienen	mehrjährig (frostfrei überwintern)
Lakritz-Tagetes	spät im Herbst blühend; vor allem für Hummeln, Bienen, Schmetterlinge	mehrjährig (frostfrei überwintern), Blüten essbar
Gewürz-Tagetes 'Orange Gem'	besonders reich blühend	einjährig, Blüten essbar

Anstelle einzelner Pflanzenarten und -sorten kann auch eine insektenfreundliche Wildblumenmischung ausgesät werden.

WINTERKISTEN-BEET

Wer hätte gedacht, dass im Winter Salat aus dem Hochbeet geerntet werden kann? Wir stellen Ihnen hier die einfachste Variante,
das „Winterkisten-Beet", vor. Sie brauchen dafür einen geschützten
Platz und eine Kiste. Gut eignet sich auch ein Tischbeet aus dem
Fachhandel – eine Kiste auf vier Beinen.

Ein Winterkisten-Beet
auf Rädern hat den
Vorteil, dass es mobil ist
und an unterschiedliche
Plätze gerollt werden kann.

WAS PASST INS WINTERKISTEN-HOCHBEET?

Feldsalat, Winterportulak, Pflück- und
Asia-Salate eignen sich besonders gut,
um die Salaternte vorzuziehen. Letztere haben eine angenehme Schärfe,
die Kindern manchmal vielleicht
nicht ganz so behagt – aber es darf ja
ruhig auch angebaut werden, was den
Erwachsenen schmeckt! Schnitt- und
Pflück-Salate und Winter-Kopf-Salat
liefern zeitige Ernten im Frühjahr;
geeignete Herbstsalate sind Endivien,
Zuckerhut und Radicchio. Achtung:
Nur die genannten „Wintersalate"
sind auch wirklich für einen winterlichen Anbau geeignet!

Ein geschützter Platz
für das Tischbeet auf
der Terrasse, schon
liefern Winterportulak
& Co. knackiges Grün!

Ideale Bedingungen – selbst bei lang
anhaltenden Frostperioden – erhält die
winterliche Salatkultur unter einer
Beetabdeckung, wie einem Frühbeetaufsatz
oder einfacher Folie. Nicht vergessen: Bei
winterlichen Sonnentagen lüften, um
Überhitzung und Schimmelbildung zu
vermeiden.

WANN ANLEGEN?

Die meisten Salate brauchen
8–10 Wochen von der Aussaat bis
zur Ernte. Sie müssen also bereits im
Spätsommer/Herbst für die Winter-
ernte sorgen. Am besten vor den ersten Frösten aussäen, dann entwickeln
sich neben den Keimblättern schon
einige weitere Blättchen. Bei Minus-
graden stellen die Pflänzchen das
Wachstum ein, verharren und „warten ab". Bei nachlassendem Frost sitzen die Pflanzen dann schon in den
Startlöchern. So ist Feldsalat, der ab
September/Oktober ausgesät wurde,
im Frühjahr schon zeitig erntereif.
Blatt- und Pflück-Salate können bis
Ende Oktober hinein ohne Bedenken
noch gepflanzt oder gesät werden.

SORTE	AUSSAAT/PFLANZUNG	ERNTE	BESONDERES
Feldsalate 'Vit', 'Baron', 'Verte à coeur plein'	August bis Oktober	Dezember bis Januar/Februar	anspruchslos, pflegeleicht
Winterportulak (Postelein)	Mitte September bis März	Dezember bis April	ausgewachsene Pflanzen überstehen bis zu –20 °C!
Pflück-Salate 'Tide', 'Lollo bionda', 'Grand Rapids'	September/Oktober	November/ Dezember	kann mehrmals geerntet werden, robust
Schnitt-Salat 'Crispita II'	September/Oktober	November/ Dezember	grüne, gekrauste Blätter mit geschlitzten Blatträndern, widerstandsfähig, gesund
Asia-Salate 'Red Giant', 'Green in Snow', 'Mizuna', 'Wasabino'	September/Anfang Oktober	November bis Januar/Februar	keimen bei Temperaturen bis um die –5 °C, robust
Zuckerhut 'Pan di Zucchero'	August	November/ Dezember	wird milder nach dem ersten Frost, pflegeleicht
Radicchio 'Roter Veroneser'	Juli/August	Februar bis April	rote, kleine Rosetten für frühe Ernten, samenecht
Winter-Endivie 'Grüner Escariol'	August	November/Dezember	hält Temperaturen bis –5 °C aus, pflegeleicht
Winter-Kopf-Salat 'Winterbutterkopf'	Juli bis September	April bis Mai	kompakte Köpfe mit gelblichen Blättern
Winter-Kopf-Salat 'Wintermarie'	Juli bis September	April bis Mai	leicht rot gefärbte Blätter, lockerer Kopf

Unbedingt im Frühherbst ans Aussäen der leckeren Wintersalate denken, damit es dann in der kalten Jahreszeit etwas Frisches zum Ernten gibt!

ANLEITUNG

ANLEITUNG BIENENPINSEL

Die Vorstellung, eine Biene oder ein Schmetterling zu sein, ist wunderbar. So schön fliegen zu können, muss fantastisch sein! Von Blüte zu Blüte und den süßen Nektar kosten ... Mit einem Bienenpinsel kannst Du den Bienen und Schmetterlingen bei ihrer Arbeit helfen und jede Menge Freude haben.

Hier heißt es: „Aufgepasst und genau hingesehen! Wie machen die Bienen das mit der Bestäubung?"

EINMAL EINE BIENE SEIN ...

Hast Du schon mal Bienen, Hummeln und andere Insekten bei ihrer Arbeit an den Blüten beobachtet? Das ist spannend! Lassen sich doch dabei die unterschiedlichsten Techniken beim Sammeln von Nektar und Pollen beobachten. Ohne es zu wollen, transportieren die Bienen dabei immer wieder einige Pollen von einer Blüte an den Stempel einer anderen. Da sich die meisten Bienen beim Sammeln auf eine Blütenart spezialisiert haben, gelangt auch zumeist der richtige Pollen an die richtige Blütenart. Willst Du den Bienen bei ihrer Arbeit helfen und Dich mal in sie hineinversetzen, so kannst Du Dir einen „Bienenpinsel" bauen.

> Mit dem Pinsel allein
> kann vorab geübt werden,
> werden dann aber noch
> bunte Papierflügel drange-
> klebt, ist das „Bienengefühl!"
> perfekt!

SO WIRD'S GEMACHT

1 DIE FLÜGEL

Schneide einen etwa 20 × 10 cm breiten Streifen aus stärkerem Papier oder dünnem Karton aus. Falte ihn in der Mitte, sodass sich ein Quadrat von 10 × 10 cm ergibt. Nun zeichnest Du die von Dir gewünschte Flügelform, vom Knick ausgehend, auf das Papier. Wenn Du dann entlang deiner Zeichenlinie schneidest, erhältst Du zwei am Knick zusammenhängende, symmetrische Flügel.

2 PINSEL ANKLEBEN

Wenn Du willst, kannst Du nun die für Insektenflügel typischen Adern auf die Flügel zeichnen oder sie bunt ausmalen.

Dann werden die Flügel mit Klebeband an einem möglichst weichen, schmalen Pinsel befestigt; lass Dir dabei ruhig von einem Erwachsenen helfen.

3 DIE BESTÄUBUNG

Schon kann es losgehen! Such Dir eine Blüte aus und kitzele sie vorsichtig mit der weichen Pinselspitze; das Summen aber nicht vergessen! Dann fliege mit deinem Bienenpinsel die nächste Blüte an und kitzele auch diese; und so weiter. Die Blüten sollten von derselben Art sein wie die erste, sonst kann keine Bestäubung stattfinden.

DIE ERNTE LECKER VERARBEITEN

Nachdem Kräuter, Salat und Gemüse auf dem Hochbeet wochen- und monatelang sorgsam gepflegt, gedüngt und gegossen wurden, darf endlich geerntet werden! Für Kinder oft der langersehnte Moment. Nach dem Ernten geht es ans Verarbeiten zu möglichst leckeren, kreativen Produkten.

GEMÜSE-CHIPS

Eine gesunde Knabberei lässt sich aus verschiedenem Gemüse wie Möhren, Rote Beten oder Kartoffeln herstellen, aber auch Zucchini sind einen Versuch wert. Die Rede ist von Gemüse-Chips, die 30–90 Minuten im Backofen bei etwa 100–150 °C (oder in einem Dörrautomaten) hergestellt werden. Dazu rohes Gemüse in dünne Scheiben hobeln oder schneiden, mit Pflanzenöl und nach Belieben Salz und Gewürzen vermischen, anschließend dörren. Wichtig: Die Gemüsescheiben sollen sich während des Trocknens nicht überlappen.

LUSTIGE KÜRBISKÖPFE

Zwischen September und November – vor dem ersten Frost – wird Hokkaido-Kürbis geerntet. Aus ihm können Kürbismuffins, leckere Suppe, Kürbis-„Schnitzel" und andere Leckereien zubereitet werden. Er hält sich, kühl und dunkel gelagert, mehrere Monate. Wer mit seinem Kürbis schon während der Reifezeit Spaß haben möchte, kann in junge Kürbisse, deren Schale noch weich ist, lustige (oder gruselige) Gesichter ritzen, die dann mit dem Kürbis mitwachsen.

KETCHUP

Fällt die Tomatenernte reichlich aus, unser Tipp zur Verarbeitung: Selbst gemachter Ketchup – ganz ohne Zuckerzusatz! Etwa 1 kg Tomaten mit 2-3 geschälten Zwiebeln kleinschneiden, ca. 15 Minuten weichkochen, pürieren und nochmals etwa 20 Minuten köcheln, bis die gewünschte, ketchuptypische Konsistenz erreicht ist. Heiß in sterilisierte Schraubgläser füllen und verschließen – hmmm, lecker!

ZUCCHINI-SPAGHETTI

Kinder lieben Spaghetti. Zucchini hingegen stehen auf der Beliebtheitsskala bei Kindern oft nicht besonders weit oben. Unser Tipp: Zucchini-Spaghetti! Mit einem Spiralschneider oder Sparschäler werden von den Zucchini lange dünne Streifen abgezogen. Diese „Nudeln" roh zu Salat verarbeiten oder mit etwas Öl in einer beschichteten Pfanne für 2–3 Minuten bissfest dünsten und mit leckeren Soßen – zum Beispiel Bolognese – genießen.

DAS HOCHBEET PFLEGEN

> Hier sind kleine Gärtner und Gärtnerinnen gefragt: Damit Salat und Gemüse gut wachsen, muss gegossen, gehackt, gemulcht, gedüngt werden.

Ist das Hochbeet erst einmal gebaut und bepflanzt, kommt die Pflege an die Reihe. Hier können Kinder auch immer wieder mithelfen: beim Verteilen von Mulch zwischen den Gemüsepflanzen, beim Gießen, Unkraut zupfen und Bauen eines Insektenhotels. Damit die Arbeiten nicht mehr Mühe machen als nötig und auch den gewünschten Erfolg bringen, erhalten Sie hier einige wichtige Tipps.

GIEßEN – ABER MIT KÖPFCHEN!

Vor dem Hintergrund immer heißer und trockener werdender Sommer und einer häufigen Knappheit an Gießwasser ist beim Gießen des Hochbeets die richtige Technik ausschlaggebend. Umso mehr, als ein Hochbeet durch die Schichtung in seinem Inneren eine ziemlich „durstige" Angelegenheit ist.

Schon gewusst? Frisch gesetzte Tomatenpflanzen brauchen etwa 500 ml Wasser am Tag; tragen sie Früchte, sind es bis zu 800 ml.

WANN GIEßEN?

Wenn Sie es einrichten können, gießen Sie Ihr Hochbeet optimalerweise in den kühlen Morgenstunden und möglichst nie während der heißen und sonnigen (Mittags-)Zeit, damit nicht ein Großteil des Wassers nutzlos verdunstet. Morgendliches Gießen hat einen weiteren Vorteil: Das Substrat und die Pflanzen bleiben während der kühlen Nachtstunden trocken – das beugt einem Befall mit Pilzkrankheiten vor und lockt weniger Schnecken an. Haben Sie nur abends Zeit, das Beet zu gießen, denken Sie an einen möglichst effektiven Schneckenschutz!

DIE RICHTIGE GIEßTECHNIK

Gießen Sie gezielt nur auf den Boden unter den einzelnen Pflanzen, anstatt alles komplett großflächig zu über-

So ist es richtig: Möglichst vorsichtig rund um die Pflanze gießen und dabei nicht die Blätter nass machen.

brausen. So gelangt das Wasser nur an die Pflanzenwurzeln, Verdunstungsverluste werden minimiert. Und wenn die Pflanzen trocken bleiben, haben Schadpilze weniger Chancen. Eine gezielte Wasserabgabe an die einzelnen Pflanzen lässt sich auch mit einer automatischen Tropfschlauch- oder Tonkegelbewässerung erreichen. Ein solches Bewässerungssystem ist nicht ganz billig – stellt jedoch auch die Wasserversorgung während sommerlicher Urlaubszeiten sicher.

WIE OFT GIEßEN?

Aussaaten oder neu gesetzte Jungpflanzen müssen natürlich gleich-mäßig feucht gehalten werden – tägliches Gießen ist hier notwendig, damit die Samen keimen und die jungen Pflänzchen anwachsen. Für eingewachsene Pflanzen empfiehlt es sich jedoch, sie weniger oft und dafür möglichst durchdringend zu gießen. Als Faustregel gilt: Der Boden sollte etwa bis in 20 cm Tiefe feucht sein. So regen Sie die Pflanzen dazu an, mehr und längere Wurzeln zu bilden, mit denen sie auch weiter unten in der Erde noch Wasser finden und aufnehmen können. Eine so „erzogene" Pflanze kommt mit Trockenheit und Hitze besser klar als eine mit häufigen Wassergaben verwöhnte Pflanze.

MULCHEN UND HACKEN

Ein toller Gärtner-Trick, um Gießwasser einzusparen und gleichzeitig den nützlichen Bodenlebewesen in Ihrem Hochbeet beste Bedingungen zu bieten, ist Mulchen und Hacken. Diese einfachen, aber wirkungsvollen Kulturtechniken verhelfen Ihrem Gemüse zu optimalem Wachstum.

MULCHEN – WAS IST DAS?

Beim Mulchen wird der offene Boden zwischen den Pflanzen gleichmäßig mit einer 2–3 cm hohen Schicht aus organischem Material bedeckt. Diese unterdrückt unerwünschten Unkraut-bewuchs, schützt den Boden vor Verschlämmung bei starken Nieder-schlägen, vor Austrocknung bei Hitze und hilft so, Gießwasser einzusparen. Unter der Mulchschicht herrschen gleichmäßige Temperaturen und Feuchtigkeit, was die Bodenlebewesen in ihrer Arbeit unterstützt. Außerdem liefert Mulch, wenn er langsam verrottet, auch Nährstoffe für die Pflanzen. Erdbeeren oder Fruchtgemüse wie Zucchini bleiben auf einer Mulchunterlage frei von Verschmutzung.

WOMIT MULCHEN?

Gemulcht wird mit angetrocknetem Grasschnitt, samenlosen Unkräutern, Heu, Stroh, Laub, Schnittmaterial von Kräutern und Stauden und halb verrottetem Kompost. Zu langes Mulchmaterial können Sie durch Häckseln oder Zerschneiden zerkleinern, Rasenschnittgut vorab gut antrocknen lassen. Erneuern Sie die Mulchschicht regelmäßig, wenn der Boden nicht mehr vollständig bedeckt ist.

HACKEN STATT GIEßEN

„Einmal hacken spart dreimal gießen", sagen die erfahrenen Gärtner. Denn ist der Boden schön locker und durchlüftet, nimmt er Regen- und Gießwasser besser auf und das Wasser gelangt leichter an die Pflanzenwurzeln. Außerdem verhindert regelmäßiges Lockern und Hacken, dass Feuchtigkeit aus tieferen Bodenschichten nach oben steigt und verdunstet. Außerdem entfernt man damit möglicherweise mit den Kulturpflanzen konkurrierenden Unkrautbewuchs.

Sie sehen, es ist günstig, wenn Sie den Boden im Hochbeet zwischen den Pflanzen durch Hacken auflockern

und anschließend dort eine Mulchschicht ausbringen. Beim Hacken gilt: Nur die obere Bodenschicht auflockern! Auf keinen Fall zu tief hacken, um weder Pflanzenwurzeln noch Bodenlebewesen zu stören.

Beim gemeinsamen Hacken heißt es, sorgsam sein, damit Salat- und Gemüsepflanzen nicht beschädigt werden.

FUTTER FÜR DIE PFLANZEN: DÜNGEN

Auch Pflanzen brauchen Nahrung – damit sie wachsen, Blätter, Blüten, Früchte und Wurzelknollen bilden können. Dazu benötigen sie Kohlenstoff, Wasserstoff und Sauerstoff sowie Stickstoff, Phosphor und Kalium, welche sie als Gase aus der Luft oder als Bestandteile des Wassers im Boden aufnehmen.

NÄHRSTOFFE FÜR GUTES WACHSTUM

Die wichtigsten Nährstoffe finden die Pflanzen üblicherweise im Boden, in dem sie wachsen. Unser Hochbeet ist allerdings eine „künstliche" Anlage, wo wir zusätzlich durch Ernten dafür sorgen, dass keine Pflanzenreste liegen bleiben, die wieder zu Nährstoffen umgewandelt werden können. Andererseits produziert ein neu angelegtes Hochbeet durch die Zersetzung des organischen Materials in seinem Inneren eine Menge Nährstoffe – ihr Gehalt nimmt mit jedem Jahr ab, in dem das Hochbeet bepflanzt wird.

So erkennen Sie gesunde Pflanzen, denen es an nichts fehlt: Buschiger Wuchs, frisch grüne Blätter und eine sortentypische Ausfärbung.

Da lacht das Gärtnerherz: Wurden die Pflanzen gut mit „Futter" bzw. Nährstoffen versorgt, kann reich geerntet werden!

Sind die Nährstoffe im Beet aufgebraucht bzw. ihr Gehalt für die darauf wachsende Pflanzenart zu gering, müssen die Nährstoffreserven durch gezielte Düngung wieder aufgefüllt werden.

MEHR ODER WENIGER HUNGRIG

Kulturpflanzen werden je nach „Nährstoffhunger" in Starkzehrer, Mittelzehrer und Schwachzehrer eingeteilt – demzufolge können Sie einschätzen, wie viele Nährstoffe eine Kultur braucht. Zur Düngung empfehlen wir Kompost, falls vorhanden, ansonsten organische oder organisch-mineralische Volldünger aus dem Fachhandel. Starkzehrer bekommen etwa 5–6 l Kompost/m² bzw. Fertigdünger gemäß der Dosierungsangabe auf der Packung; Mittelzehrer die halbe Menge Kompost oder Fertigdünger; Schwachzehrer höchstens 1 l Kompost/m² oder ein Viertel der Fertigdüngerdosis. Vermeiden Sie auf jeden Fall Überdüngung, die für Boden und Pflanzen schädlich ist.

VON STARK- BIS SCHWACHZEHRER

Zu den typischen Starkzehrern im Hochbeet zählen Gurken, Tomaten, Zucchini, Paprika, Kürbis, Kartoffeln, Kohl, Knollen-Sellerie und Lauch. Mittelzehrer sind Chicorée, Chinakohl, Knollen-Fenchel, Möhren, Kohlrabi, Mangold, Pastinaken, Rote Bete sowie Garten-Erdbeeren. Letztere vertragen keinen Kompost – verwenden Sie am besten Beerendünger aus dem Fachhandel. Salate, Knoblauch, Zwiebeln und die meisten Kräuter und Blumen sind Schwachzehrer.

DÜNGER SELBST HERSTELLEN

Neben Kompost und Fertigdünger gibt es noch weitere Möglichkeiten, die Pflanzen auf dem Hochbeet mit Nährstoffen zu versorgen. Selbst angesetzte Jauchen aus unterschiedlichen Pflanzen kommen hier infrage. Am bekanntesten ist die Brennnesseljauche, die wir Ihnen hier vorstellen möchten.

Jauche an den Fuß der Pflanze gießen, nicht auf die Blätter!

MIT PFLANZEN DÜNGEN

Natürliche Dünger wie Pflanzenjauchen müssen zuerst von Mikroorganismen im Boden zersetzt werden, bevor die Pflanzenwurzeln sie aufnehmen können. Damit die Bodenlebewesen gut arbeiten können, brauchen sie Wärme und Feuchtigkeit – ist das Substrat im Beet kalt oder sehr trocken, lässt die Düngewirkung nach. Nährstoffe aus Pflanzenjauchen werden langsam freigesetzt; sie entfalten ihre Wirkung über eine längere Zeit.

VON DER BRENNNESSEL ZUM DÜNGER

Brennnesseljauche wird in vielen Gärten als natürlicher Dünger verwendet. Sie enthält reichlich Nährstoffe und Mineralien, vor allem Stickstoff und Kalium, und eignet sich zur Düngung von starkzehrendem Gemüse.

1 SAMMELN

Von Juni bis August findet man meist genügend Pflanzenmaterial für den Jauche-ansatz und es ist warm genug, damit die Jauche zügig gärt. Keine Brennnesseln mit Blüten oder Samen für den Jaucheansatz verwenden – damit nicht versehentlich eine „Brennnesselkultur" auf dem Beet wächst!

2 ANSETZEN

Einen Kunststoffeimer mit etwa 1 kg grob zerkleinerter Brennnesseln locker füllen, mit 10 l Regenwasser aufgießen, eine Handvoll Gesteinsmehl zur Geruchsbin-dung dazugeben, umrühren und das Ganze im Halbschatten stehen lassen. Metall-gefäße eignen sich nicht, denn es könnten chemische Reaktionen mit der Jauche stattfinden. Eimer mit einem Tuch abde-cken, damit keine Tiere hineinfallen.

3 GÄREN LASSEN

Ist es warm, beginnt der Ansatz meist schnell zu schäumen und zu blubbern – er gärt! Gelegentlich umrühren. Steigen keine Bläschen mehr auf, ist die Jauche fertig, was je nach Temperatur 5–14 Tage dauert. Fertige Brennnesseljauche riecht nicht mehr unan-genehm, sondern wie starker Kräutertee.

4 DÜNGEN

Pflanzenteile abgießen und der Dünger ist einsatzbereit! Jauche im Verhältnis 1:10 mit Wasser verdünnen; starkzehrendes Gemüse etwas alle 1–2 Wochen damit düngen. Bei empfindlichen Pflanzen wie Setzlingen besser im Verhältnis 1:20 verdünnen.

· WICHTIG ·

Beim Düngen nicht auf die Blätter, sondern nur auf den Wurzelbereich der Pflanzen gießen, um mögliche Verbrennungen auf den Blättern zu vermeiden. Ideal zum Jauche-Düngen sind bedeckte, trübe Tage, wenn das Substrat im Hochbeet bereits feucht ist. Fertige Brennnesseljauche ist – an einem kühlen, dunklen Ort – etwa 4–6 Wochen lagerfähig. Sie kann dafür zum Beispiel in Kanister abgefüllt werden.

Auf eine gute Nachbarschaft! Viele Pflanzenarten beschützen sich gegenseitig vor Schädlingen und Krankheiten.

PFLANZEN RICHTIG SCHÜTZEN

Wollen Sie gesundes Obst und Gemüse vom eigenen Hochbeet ernten, ist mittlerweile ein Verzicht auf chemischen Pflanzenschutz selbstverständlich. Umso mehr, wenn Kinder beim Pflanzen, Ernten und Gärtnern mithelfen. Zum Glück gibt es geeignete andere Maßnahmen, um Pflanzen gesund zu halten.

GESUNDE PFLANZEN

Den Gemüsepflanzen auf unserem Hochbeet geht es oft ähnlich wie uns Menschen: Sind sie erst einmal durch einen schlechten Allgemeinzustand geschwächt, werden sie leicht das Opfer von Krankheiten oder Parasiten. Gesunde und fitte Pflanzen hingegen werden von Krankheiten oder tierischen Angreifern weitaus weniger befallen. Ein Weg zu einer guten Pflanzengesundheit ist die Sortenwahl: möglichst standortgerecht, regional und robust.

SCHUTZ DURCH MISCHKULTUR

Auch das Prinzip der Mischkultur ist ein Beitrag zum chemiefreien Pflanzenschutz. Verschiedene Pflanzenarten schützen sich dabei gegenseitig, indem sie Schädlinge der jeweils anderen Art in die Flucht schlagen oder Gesundheit und Wachstum des Nachbarn fördern.

CLEVERE KULTURMAßNAHMEN

Viele ungebetene tierische Mitesser lassen sich durch Barrieren vom Gemüse fernhalten. Auf einem Hochbeet sind solche Maßnahmen meist besonders gut einsetzbar. So eignen sich Holzhochbeete mit glatter Außenfläche ideal dafür, um selbstklebendes Kupferband als wirksamen Schneckenschutz anzubringen. Auch ein Schneckenzaun kann auf einem Hochbeet befestigt werden. Einzelpflanzen schützen Sie mit Schneckenkrägen aus Kunststoff. Für Jungpflanzen von Kohl oder Kohlrabi gibt es einen mechanischen Schutz vor der Kohlfliege: Ein Kohlkragen aus imprägnierter Pappe aus dem Fachhandel oder selbst gemacht (aus Pappe oder dickem Filz) hindert das Insekt an der Eiablage – und bringt auch noch Spaß beim gemeinsamen Basteln.

WIDERSACHER AUSTRICKSEN

Oftmals kann man den tierischen Mitessern auch ein Schnippchen schlagen, wenn man ihnen zeitlich zuvorkommt: Durch eine frühe Saat sind die Pflanzen schon kräftig, wenn die ersten Schädlinge auftauchen. Vorgezogene Setzlinge haben beim Auspflanzen das empfindliche Jugendstadium bereits hinter sich und sind robuster. Frühsorten sind häufig weniger gefährdet als spätere Sorten.

Einfach aber äußerst wirkungsvoll: Ein Kupferband rund um den Hochbeetrahmen geklebt, hält Schnecken davon ab, das Beet zu „erstürmen".

NÜTZLINGE ANLOCKEN

Neben Maßnahmen, die wir selbst ergreifen können, um unser sorgsam angebautes Gemüse vor Krankheiten und Schädlingen zu schützen, gibt es noch eine weitere geniale Strategie: Lassen Sie einfach andere diese Aufgabe übernehmen! Zahlreiche eifrige tierische Nützlinge warten nur darauf.

Darf zwischen den Himbeeren der Kriechende Günsel blühen, ist das für viele Insekten ein „gefundenes Fressen"!

TIERISCHE VERBÜNDETE

Leben ausreichend Nützlinge in Ihrem Garten, profitiert der Pflanzenbewuchs Ihres Hochbeets davon: Neben der Vertilgung und Dezimierung von Schädlingen zersetzen tierische (und andere) Bodenbewohner Pflanzenabfälle und verbessern die Erde, andere Nützlinge bestäuben die Pflanzen und sorgen für eine reiche Ernte.

LEBENSRÄUME SCHAFFEN

Ein Garten, in dem sich Nützlinge wohlfühlen, ist vielfältig und artenreich. Unterschiedliche Bereiche mit Sträuchern, Bäumen, Blumen, einer Wiese, wilden Ecken, Sonnen- und Schattenplätzen sind ideal. Doch selbst wenn Ihr Garten dafür zu klein

> Ast- und Holzhaufen sind Wohnraum, Schlafplatz und sicheres Versteck für viele Tiere wie Igel, Spitzmäuse, Vögel und Käfer.

ist, lässt sich auch auf wenig Platz durch die gezielte Schaffung von Refugien, Nahrungsquellen und Versteckmöglichkeiten viel erreichen. Ein Verzicht auf chemischen Pflanzenschutz versteht sich von selbst – auch zum Wohl der im Garten spielenden Kinder (und Erwachsenen).

VÖGEL MÖGEN VIELFALT

Heimische fruchttragende Sträucher wie Hecken-Rose oder Holunder bieten Vögeln Nahrung – ebenso wie gut bestückte Futterhäuschen im Winter. Fehlt der Platz für Sträucher, liefern Sonnenblumen, Karden und Nachtkerzen begehrtes Vogelfutter. Ein Stück Blumenwiese im Garten lieben nicht nur Bienen – auch Vögel kommen hier auf ihre Kosten. Außerdem: Nistkästen und – falls Platz ist – eine

Hecke für Versteckmöglichkeiten – dann ist das Vogelparadies perfekt!

EIN GARTEN FÜR KRABBLER UND BRUMMER

Viele nützliche Insekten leben im Boden oder Kompost, daher sollte im Garten keine Bodenfläche sinnlos versiegelt oder dauerhaft mit Steinen abgedeckt werden. Verschiedene Pflanzen, die zu unterschiedlichen Zeiten blühen, locken Insekten an. Totholz- und Steinhaufen und selbst gebaute Insektenhotels bieten Unterschlupf. Trockene Pflanzenstängel, die im Winter stehen bleiben, eignen sich ebenfalls als Überwinterungsmöglichkeiten – und bessern andererseits den winterlichen Speiseplan der Gartenvögel auf.

111

NÜTZLICHE TIERE IM GARTEN

In einem vielfältigen Garten stehen zahlreiche Helfer bereit: Verschiedene Vögel sind vor allem während der Brutzeit große Schädlingsvertilger und auch Igel, Spitzmaus, Kröte, Eidechse, Schlupfwespe, Laufkäfer und viele weitere Tiere sind erstklassige Gartenhelfer.

VOGELFREUNDLICHER GARTEN

Mit verschiedenen Maßnahmen schaffen Sie im Garten Refugien für nützliche Tiere, die uns einen großen Teil der unerwünschten Mitesser abnehmen. So freuen sich „Amsel, Drossel, Fink und Star ..." und andere heimische Gartenvögel über Nist- und Unterschlupfmöglichkeiten, Futter- und Brutplätze, Hecken und Blumenwiesen. Zum Dank fungieren sie als kostenfreier Pflanzenschutzdienst, der Schadinsekten wie Blattläusen, Raupen und Gemüsefliegen zu Leibe rückt.

STACHELIGER GARTENGAST

Ein willkommener nützlicher Gartengast ist der Igel, der sich für Ast- und Laubhaufen und wilde Ecken durch die ein oder andere „Schnecken-mahlzeit" revanchiert. Nicht zu vergessen: Der Unterhaltungswert – gerade für Kinder – von possierlichen Igel-Beobachtungs-Erlebnissen! Ähnliche Kleinlebensräume besiedelt auch die Spitzmaus. Sie ist eigentlich gar keine Maus und ernährt sich von Insekten, Engerlingen, Maulwurfsgrillen und Schnecken.

DIESE INSEKTEN HELFEN

Schlupfwespen, Florfliegen, Schwebfliegen, Marienkäfer und deren Larven helfen, Blattläuse zu dezimieren. Ohrwürmer ernähren sich vorwiegend von Blattläusen, Spinnmilben, Schildläusen und Raupen. Gartenlaufkäfer, Spinnen und Hundertfüßer sind ebenfalls nützliche Räuber und die Larven der Glühwürmchen – wer hätte es gedacht! – machen Jagd auf Schnecken aller Art. Verschiedene Blütenpflanzen, Totholzhaufen und Insektenhotels gehören zur Gartenausstattung, die die nützlichen Summer und Brummer unterstützt.

KEIN PRINZ –
EINE NÜTZLICHE KRÖTE

Über Kröten, Frösche, Eidechsen und Blindschleichen freut sich jeder Gärtner. Sie vertilgen Nacktschnecken, Kartoffelkäferlarven, Rapsglanzkäfer, Fliegen, Raupen, Asseln und verschiedene Insektenlarven. Falls möglich, schaffen Sie im Garten feuchte Versteckplätze für Kröten und Blindschleichen sowie Trockensteinmauern oder Steinhaufen für Eidechsen.

113

OHRWURM-HOTEL

Vielen ist nicht bekannt, dass Ohrenwürmer bzw. Ohrenkneifer wunderbare Gartenhelfer sind; sie haben Blattläuse zum Fressen gern! Und sie betreiben sogar Brutpflege: Sie beschützen ihre Eier; einige füttern sogar ihre Nachkommen. Der kluge Gärtner unterstützt sie daher mit einer eigenen Wohnung.

DAS DOSENHOTEL

Der gastfreundliche Gärtner bietet seinen tierischen Helfern nicht nur Nahrung, sondern auch Unterkunft. Hier können sich die Ohrwürmer von ihrer hoffentlich erfolgreichen Jagd auf Blattläuse und Raupen ausruhen und den Tag verschlafen. So haben alle etwas davon: Die Ohrwürmer Essen und Unterschlupf, die Gärtner knackige Radieschen und spannende Beobachtungen. Zum Bau eines Ohrwurm-Dosenhotels benötigst Du eine Konservendose, etwas dünnen Draht und trockenes Heu oder Stroh.

SO WIRD'S GEMACHT

1 DIE VORBEREITUNG

Vorab sollten die Kanten der Dose bei Bedarf entschärft werden. Dabei besteht Verletzungsgefahr: Lass Dir beim Abschmirgeln mit Sandpapier ruhig von einem Erwachsenen helfen! Scharfe Kanten können alternativ auch mit dickem Klebeband abgeklebt werden.

2 DIE AUFHÄNGUNG

Dann wird in den Boden der Dose ein kleines Loch gebohrt; entweder mit einem möglichst kleinen Bohrer oder mit einem von früher bekannten Dosenmilchstecher. Lass Dich auch hierbei von einem Erwachsenen unterstützen! Dann wird eine etwa 20 cm lange Drahtschlaufe als Aufhängung durch das Loch geführt und durch Verdrillen befestigt.

3 DIE FÜLLUNG

Das Innere der Dose wird mit trockenem Heu gefüllt und möglichst fest gestopft. Nun kommt für viele Kinder das Beste: Die offene Seite der Dose wird mit dem Fuß zusammengedrückt – also einmal fest rauftreten! So hält das Heu besser. Abschließend kannst Du das Dosenhotel an gewünschtem Ort (am besten in der Nähe Deines Hochbeets) anbringen. Und in Kürze hast Du eine Wachmannschaft für Deine jungen Salatpflanzen und den Blattläusen wird zu Leibe gerückt.

VARIANTE BLUMENTOPFGLOCKE

Du kannst auch aus einem Ton- oder Keramikblumentopf ein Ohrwurm-Hotel basteln. Der Topf muss am Boden ein Ablaufloch haben. An einer etwa 50 cm langen Schnur wird an einem Ende ein kleines Stöckchen festgeknotet. Das andere Ende fädelst Du von innen durch das Loch im Blumentopf und ziehst es durch, bis das Stöckchen am Loch anliegt – das ist die Glocke. Das Innere des Blumentopfes stopfst Du wie beim Dosenhotel mit trockenem Heu fest aus. Zur Sicherheit kann der Topf zusätzlich mit einem engmaschigen Drahtgeflecht bedeckt werden. Beim Schneiden des Drahtgeflechts und beim Umbiegen um den Blumentopfrand lass Dir bitte von einem Erwachsenen helfen – Du könntest Dich verletzen. Die Glocke mit der Öffnung nach unten in der Nähe des Hochbeetes aufhängen.

• TIPP •

An Kirschbäumen und anderen Bäumen und Sträuchern mit weichschaligem Obst sollte besser kein Ohrenkneifer-Hotel angebracht werden, da die ansonsten nützlichen Insekten hier die leckeren Früchte anfressen könnten.

APFELSCHRUMPF-KÖPFE ALS VOGELFUTTER

Apfelschrumpfköpfe sind eine Alternative zu den weit verbreiteten Kürbisköpfen. Da sie ohne kraftaufwendiges und verletzungsträchtiges Hantieren mit scharfem Messer auskommen, sind sie auch für jüngere Kinder geeignet. Nach kurzer „Schrumpelzeit" entfalten sie ihren vollen Grusel. Nicht erschrecken!

Schnell gemacht: Lachendes Apfel-Gesicht!

SCHAURIG SCHÖN UND LECKER

Äpfel bereichern mit ihren Vitaminen und Nährstoffen nicht nur unseren Speiseplan; mit ihnen kannst Du auch „künstlerisch" tätig werden und später den Vögeln im Garten Gutes tun. Apfelschrumpfköpfe rangieren auf der Gruselskala ganz weit oben!

DER APFELKOPF VERWANDELT SICH

Ist der Apfelschrumpfkopf schon am Anfang schaurig schön geschnitzt, dann erwartet uns nach kurzer Zeit eine noch gruseligere Überraschung! Nach einigen Tagen schrumpft das Fruchtfleisch des Apfels immer mehr, wodurch die „Zähne" und „Augen" stärker hervortreten und sich das Gesicht nach und nach zu einer skurrilen oder unheimlichen Fratze verzerrt. Ins Gartenbeet oder in den Balkonkasten gesteckt, dient der Schrumpfkopf gegen Ende seines Lebens als Vogelfutter. Denn Lebensmittel sollten nicht verschwendet werden und die Singvögel in unseren Gärten lassen sich von den schaurigen Apfelgesichtern keineswegs erschrecken.

❶ DIE VORBEREITUNG

Zunächst wird ein Apfel geschält, gerade Fallobst oder wurmstichige Äpfel sind geeignet. Am einfachsten geht das mit einem Sparschäler. Lass Dir dabei ruhig von einem Erwachsenen helfen! Die Schale eines gewaschenen Apfels dürfen Du und Dein Helfer natürlich auch essen.

❷ DAS SCHNITZEN

Dann schnitzt Du mit einem Teelöffel ein Gesicht mit Augenhöhlen und Mund in den Apfel. Das herausgeschabte Fruchtfleisch kannst Du natürlich ebenfalls gleich aufessen. Den Apfelkopf auf einen Holzspieß stecken (dabei hilft Dir ein Erwachsener). Geeignet ist ein angespitzter Ast von etwa 15 cm Länge.

❸ DAS GESICHT AUSSCHMÜCKEN

Kürbiskerne, Rosinen oder Reiskörner eignen sich prima für Augen und Zähne. Aber auch vieles andere, was der herbstliche Garten hergibt, kannst Du zur Gestaltung deines Schrumpfkopfes nehmen. So ergeben zum Beispiel Grashalme oder dünne dürre Äste struppige Haare, Ahornsamen abstehende Ohren und Hagebutten mit Stiel verwandeln sich in eine lustige Nase. Ab jetzt ist Zurückhaltung angezeigt: Nicht mehr am Apfel knabbern! Zum Schluss kannst Du dem Apfelkopf noch einen Namen geben: von „Prinzessin Drahthaar" über „Ritter Glupschauge" bis „Kapitän Langzahn" ist alles möglich.

APFEL-THEATER

Bevor die Apfelschrumpfköpfe den Vögeln im Garten überlassen werden, kann man mit Freunden oder mit der ganzen Familie ein schön schauriges Theaterstück aufführen. Mit oder ohne Bühne bieten die „Apfelhandpuppen" genügend Inspiration für fantasievolle Theaterspiele und lustige Gruselgeschichten.

NOCH MEHR HOCHBEET...

Hat Sie das „Hochbeet-Fieber" erst einmal gepackt und Sie haben Lust, sich weiter in die Materie zu vertiefen, stellen sich vielleicht folgende Fragen: Woher bekomme ich besonderes Saatgut oder Jung-pflanzen, clevere Bauteile oder Zubehör? Wo lässt sich Schlaues nachlesen, wo weitere Tipps und Tricks erfahren? Auf den folgenden Seiten wollen wir Sie beim weiteren Recherchieren unterstützen.

Wer nicht genug bekommt vom Hochbeet-Gärtnern, findet hier nützliche Adressen, Bezugs-quellen und Buchtipps – viel Freude beim Schmökern!

ADRESSEN & BEZUGSQUELLEN

SAMEN- UND PFLANZENVERSAND

Blauetikett-Bornträger
In den Aspen 1
67591 Offstein
www.blauetikett.de

Die Kräuterei
Alexanderstraße 29
26121 Oldenburg
www.kraeuterei.de

Gärtner Pötschke
Pflanzen- und Gartenbedarfsversand
Beuthener Straße 4
41561 Kaarst
www.poetschke.de

Sperli
Freckenhorster Straße 32
48351 Everswinkel
www.sperli.de

Staudengärtnerei Gaißmayer
Jungviehweide 3
89257 Illertissen
www.gaissmayer.de

ZUBEHÖR

Gardena
Hans-Lorenser-Straße 40
89079 Ulm
www.gardena.com
(Gartengeräte, praktische Gießhilfen)

Neudorff
An der Mühle 3
31860 Emmerthal
www.neudorff.de
(biologischer Pflanzenschutz, Dünger)

Gartenbedarf-Versand Richard Ward
Ottobeurer Straße 46 A
87733 Markt Rettenbach
www.gartenbedarf-versand.de

Jetzt kanns endlich losgehen – egal, ob Kasten-, Piraten-, Tischbeet oder eine andere Variante – starten Sie noch heute!

ZUM WEITERLESEN

Grabner, Melanie: Hochbeete rund ums Jahr. Franckh Kosmos Verlag, Stuttgart, 2019.

Hudak, Renate und Harazim, Harald: Das geniale Hochbeetbuch. Eugen Ulmer Verlag, Stuttgart, 2022.

Hudak, Renate und Harazim, Harald: Gartenabfall gibt's nicht. Eugen Ulmer Verlag, Stuttgart, 2022.

Hudak, Renate und Harazim, Harald: Hochbeete: Cleveres Gärtnern und reiche Ernte. Gräfe und Unzer Verlag, München, 7. Aufl. 2015.

Hudak, Renate und Harazim, Harald: Ratzfatz Gemüse, Obst & Kräuter ernten. Eugen Ulmer Verlag, Stuttgart, 2021.

Hudak, Renate: Kräuter selbst anbauen. Gräfe und Unzer Verlag, München, 8. Aufl. 2016.

Hudak, Renate: Obst und Gemüse selbst anbauen. Gräfe und Unzer Verlag, München, 11. Aufl. 2016.

Hudak, Renate: www.renate-hudak.de

Nüsslein-Müller, Susanne: Hochbeet-Gärtnern. BLV, Imprint von Gräfe und Unzer Verlag, München, 5. Aufl. 2016.

Stein, Siegfried und Kosok-Pokorny, Gernot: Hochbeete: Selber bauen und bepflanzen. BLV, Imprint von Gräfe und Unzer Verlag, München, 2. Aufl. 2016.

REGISTER

ÜBER DIE AUTOREN

Renate Hudak, Diplom-Ingenieurin für Gartenbau (FH), ist am Botanischen Garten Augsburg tätig und dort unter anderem für Öffentlichkeitsarbeit, Umweltbildung und Gartenfachberatung zuständig. Schon seit vielen Jahren arbeitet sie als freie Gartenautorin und Referentin für Gartenfachvorträge und -seminare. Zusammen mit ihrem Mann, Harald Harazim, bietet sie ein natur- und umweltpädagogisches Programm an. Leidenschaftlich hegen und pflegen die beiden gemeinsam auch den heimischen Nutzgarten. (www.renate-hudak.de)

Harald Harazim absolvierte am Institut für Hydromechanik der TU Braunschweig seine Ausbildung zum Maschinenbauer und arbeitete am Institut für Thermodynamik. Im Anschluss daran studierte er Europarecht und war als Referent im Bereich transnationale Teambildung und Kommunikation tätig. Nach einigen Jahren bei einem großen deutschen Energieunternehmen arbeitet er inzwischen als freier Autor, Referent in der Umweltbildung und selbstständiger Naturlehrer. Mittlerweile hat er zahlreiche Hochbeete gebaut und bewirtschaftet und einer Menge Kinder die Natur und den Garten nahegebracht – dieses Hochbeet-Buch für Familien ist ein Ergebnis der gemeinsamen langen praktischen Erfahrung!!

MISCHKULTUR: GUTE UND SCHLECHTE NACHBARSCHAFT

	GUTE NACHBARN	SCHLECHTE NACHBARN	NÄHR-STOFF-BEDARF
Andenbeere	Zuckerschote, Salat	Kartoffel, Kürbis, Tomate, Tomatillo	mittel
Erdbeere	Feldsalat, Knoblauch, Radieschen, Spinat, Zwiebel	Tomate, Kohlrabi, Zuckerschote	mittel/stark
Feldsalat	Erdbeere, Radieschen, Zwiebel	Kohlrabi	schwach
Kartoffel	Knoblauch, Kohlrabi, Kiwano, Spinat	Tomate, Zwiebel, Zuckerschote	stark
Kiwano	Kartoffel, Zuckerschote, Salat	Radieschen	hoch
Knoblauch	Erdbeere, Kartoffel, Kürbis, Mexikanische Mini-Gurke, Möhre, Salat, Tomate	Zuckerschote	mittel
Kohlrabi	Feldsalat, Kartoffel, Kürbis, Mexikanische Mini-Gurke, Salat, Radieschen, Spinat, Tomate, Zwiebel, Zuckerschote	Kresse, Radieschen, Rucola	mittel
Kresse	Salat	Kohlrabi, Radieschen, Rucola	schwach
Kürbis	Knoblauch, Kohlrabi, Zuckerschote	Andenbeere, Tomate, Zwiebel	hoch
Mangold	Möhre, Radieschen, Zuckerschote	Spinat	stark
Mexikanische Mini-Gurke	Knoblauch, Kohlrabi, Salat, Spinat, Zuckerschote, Zwiebel	Radieschen	mittel
Möhre	Knoblauch, Radieschen, Salat, Tomate, Zwiebel, Zuckerschote	Zuckerschote	mittel
Radieschen/ Rattenschwanz-Radieschen	Feldsalat, Kohlrabi, Salat, Möhre, Rucola, Spinat, Tomate, Zuckerschote	Kiwano, Kohlrabi, Kresse, Mexikanische Mini-Gurke, Rucola, Zwiebel	schwach
Rucola	Radieschen, Salat, Spinat	Kresse, Kohlrabi, Radieschen, Zwiebel	schwach
Salat	Andenbeere, Knoblauch, Kiwano, Kohlrabi, Mexikanische Mini-Gurke, Möhre, Radieschen, Rucola, Tomate, Tomatillo, Zuckerschote, Zwiebel	---	schwach
Spinat	Erdbeere, Kartoffel, Kohlrabi, Mexikanische Mini-Gurke, Radieschen, Rucola, Tomate, Zuckerschote	Mangold	schwach
Tomate	Knoblauch, Kohlrabi, Radieschen, Salat, Spinat	Kartoffel, Kürbis, Zuckerschote	stark
Tomatillo	Salat, Zuckerschote	Andenbeere, Kartoffel, Tomate	mittel
Winterportulak	Feldsalat, Kohlrabi, Spinat	---	schwach
Zuckerschote	Andenbeere, Kiwano, Kohlrabi, Kürbis, Mexikanische Mini-Gurke, Möhre, Radieschen, Salat	Kartoffel, Knoblauch, Tomate, Zuckerschote, Zwiebel	schwach
Zwiebel	Erdbeere, Feldsalat, Kohlrabi, Mexikanische Mini-Gurke, Möhre, Salat	Kartoffel, Kürbis, Radieschen, Zuckerschote	schwach

BILDQUELLEN

Adobe Stock/Michael: S. 24 oben, AnnMishel/Shutterstock.com: S. 37, Anton Nikitinskiy/Shutterstock.com: S. 42, Carlos Neto/Shutterstock.com: S. 55 links, David Daniel Fotografie/Shutterstock.com: S. 33 unten, DenisNata/Shutterstock.com: S. 113 oben, Diane N. Ennis/Shutterstock.com: S. 43, Elena Koromyslova/Shutterstock.com: S. 45, Elke Schwarzer: S. 4, frank60/Shutterstock.com: S. 32 links, Garna Zarina/Shutterstock.com: S. 30, guentermanaus/Shutterstock.com: S. 54 rechts, Renate Hudak: S. 26, 39 oben, 40, 41 Mitte, 52 rechts, 64 unten, 72, 78, 92, 97 oben, 104, 107 unten, 110, 111, 113 Mitte, 116, 117 oben, 117 unten, Ian Duffield/Shutterstock.com: S. 112, ideation90/Shutterstock.com: S. 48, Inna Reznik/Shutterstock.com: S. 66, Irina Starikova1811/Shutterstock.com: S. 80, Jan Rienaecker/Shutterstock.com: S. 24 unten, Julija Ogrodowski/Shutterstock.com: S. 54 links, klemen cerkovnik/Shutterstock.com: S. 25 unten, mauritius images: S. 49, 57 links, 57 rechts, Nahhana/Shutterstock.com: S. 84, nednapa/Shutterstock.com: S. 64 oben, Nina Firsova/Shutterstock.com: S. 96, Norbert Liesz: S. 6, 7, 8, 9, 12, 13, 17, 21, 25 oben, 34, 38 rechts, 39 unten, 41 unten, 46, 70, 74, 76, 80, 86, 88, 90, 94, 96, 98, 100, 101, 102, 103, 105, 106, 107 oben, 108, 109, 114, 118, 124, Ole Schoener/Shutterstock.com: S. 51, Oleksii Synelnykov/Shutterstock.com: S. 36, Peter Hermes Furian/Shutterstock.com: S. 56 rechts, photocrew1/Shutterstock.com: S. 97 Mitte, Picmin/Shutterstock.com: S. 53 links, Pixel-Shot/Shutterstock.com: S. 97 unten, Ralf Geithe/Shutterstock.com: S. 50, Sergei Leto/Shutterstock.com: S. 60, skippy666/Shutterstock.com: S. 32 rechts, Svetlana Monyakova/Shutterstock.com: S. 68, Svetlana Zhukova/Shutterstock.com: S. 44, Tatevosian Yana/Shutterstock.com: S. 41 oben, TinnaPong/Shutterstock.com: S. 38 links, Tritanee/Shutterstock.com: S. 52 links, vaivirga/Shutterstock.com: S. 58, Wagner Campelo/Shutterstock.com: S. 55 rechts, Weblogiq/Shutterstock.com: S. 113 unten, Wirestock Creators/Shutterstock.com: S. 29, wisely/Shutterstock.com: S. 53 rechts, YuRi Photolife/Shutterstock.com: S. 56 links, zatvornik/Shutterstock.com: S. 33 oben, Zulfiska/Shutterstock.com: S. 47.
Schmuckelemente (Fähnchen, Flaggen, Notebookblätter): Michaela Mayländer, Stuttgart, www.sistermic.de. Schmuckelemente (Strukturen, Streifen): creativemarket.com.
Schmuckelement (Erdbeere): freepik.com

Alle Zeichnungen stammen von Susanne Dinkel und wurden in Zusammenarbeit mit den Autoren gefertigt.

IMPRESSUM

Die in diesem Buch enthaltenen Empfehlungen und Angaben sind von den Autoren mit größter Sorgfalt zusammengestellt und geprüft worden. Eine Garantie für die Richtigkeit der Angaben kann aber nicht gegeben werden. Autoren und Verlag übernehmen keine Haftung für Schäden und Unfälle. Bitte setzen Sie bei der Anwendung der in diesem Buch enthaltenen Empfehlungen Ihr persönliches Urteilsvermögen ein.

Der Verlag Eugen Ulmer ist nicht verantwortlich für die Inhalte der im Buch genannten Websites.

Anmerkung zur Schreibweise (Gendering):

Gendergerechtigkeit und Inklusion sind bei uns gelebte Praxis – bei der Auswahl unserer Themen, bei der Recherchearbeit, in der Gestaltung. Unsere Texte meinen alle. Damit unsere Inhalte jedoch gut lesbar bleiben, verzichten wir in diesem Werk auf die jeweilige Mehrfachnennung oder Anpassung der Schreibweise bestimmter Bezeichnungen an die weibliche, männliche oder diverse Form.

Bibliografische Information der Deutschen Nationalbibliothek

Die Deutsche Nationalbibliothek verzeichnet diese Publikation in der Deutschen Nationalbibliografie; detaillierte bibliografische Daten sind im Internet über http://dnb.d-nb.de abrufbar.

Das Werk einschließlich aller seiner Teile ist urheberrechtlich geschützt. Jede Verwertung außerhalb der engen Grenzen des Urheberrechtsgesetzes ist ohne Zustimmung des Verlages unzulässig und strafbar. Das gilt insbesondere für Vervielfältigungen, Übersetzungen, Mikroverfilmungen und die Einspeicherung und Verarbeitung in elektronischen Systemen.

© 2024 Eugen Ulmer KG
Wollgrasweg 41, 70599 Stuttgart (Hohenheim)
E-Mail: info@ulmer.de
Internet: www.ulmer.de
Projektleitung: Saskia Hoen, Carolin Witte
Lektorat: Antje Krause
Herstellung: Stephanie Haun
Umschlaggestaltung und Innenlayout: Michaela Mayländer, Stuttgart, www.sistermic.de
Satz: red.sign, Stuttgart, www.redsign.de
Reproduktion: time:ray, Jettingen
Druck und Bindung: Firmengruppe Appl, aprinta Druck, Wemding

Printed in Germany

ISBN 978-3-8186-2073-8

FSC
www.fsc.org

MIX
Papier | Fördert gute Waldnutzung
FSC® C004592

HIER KÖNNEN SIE WEITERLESEN

Sie wollen ein Hochbeet anlegen? Wunderbar! Dann legen Sie doch gleich los und erleben Sie die vielen Hochbeet-Vorzüge. Hier erfahren Sie alles, was Sie wissen müssen: Wie und wo anlegen? Wie und womit füllen? Wie bepflanzen und versorgen? Dieses Buch enthält alles rund um Aufbau, Anbau und Ernte und lädt mit 4 Bauanleitungen und 14 Anbauplänen direkt zum Nachbauen und -pflanzen ein. Sie haben schon ein Hochbeet? Auch dann erhalten Sie hier wertvolle Infos: zur optimalen Bewässerung, zur effektiven Schädlingsbekämpfung, zum Anlocken von Nützlingen, zur Ernte im Winter und vielen ausgefallenen Sorten. Profitieren Sie vom reichen Erfahrungsschatz der Autoren und werden Sie zum „Hochbeet-Fan"!

Das geniale Hochbeetbuch. Clever planen und gießen, Schnecken in die Flucht schlagen und richtig fett ernten. Mit praktischen Bauanleitungen und 14 kreativen Anbauplänen. Renate Hudak, Harald Harazim. 2022. 160 S., 100 Farbfotos, 40 farbige Zeichnungen, 5 Tabellen, geb. ISBN 978-3-8186-1622-9